v.l.n.r.: Daniela Picco, Annekathrin Rothe, Ingeborg Leenen, Katrin Imbery

Liebe **Leserin,** lieber **Leser,**

Studien aus der Hirnforschung zeigen, dass Lernen und Entwicklung während der gesamten Kindheit stattfinden und darüber hinaus ein ganzes Leben lang möglich sind. Das ist sehr beruhigend, wie ich finde. Doch klar ist auch: Nie wieder lernt ein Mensch so viel wie in seinen ersten drei Lebensjahren, nie wieder schreitet seine Entwicklung so rasant voran. In diesen Jahren entsteht eine Basis, von der wir ein ganzes restliches Leben profitieren.

Sie als Fachkraft haben die Chance und den Auftrag, die Kinder dabei zu unterstützen, diese Basis aufzubauen. Um dieser Aufgabe gerecht zu werden, hilft Ihnen ein umfangreiches Wissen über die kindliche Entwicklung in diesen Jahren. In unserem neuen Themenheft stellen Ihnen deshalb die Entwicklungspsychologinnen Prof. Jeanette Roos und Prof. Steffi Sachse die grundlegenden Schritte der kindlichen Entwicklung in den ersten drei Lebensjahren vor und beschreiben, welche Empfehlungen sich daraus für Ihr pädagogisches Handeln ergeben.

Ich wünsche Ihnen eine erkenntnisreiche Lektüre!

Ihre

Annekathrin Rothe

Annekathrin Rothe
Chefredakteurin

Inhaltsverzeichnis

VI. Die körperliche Entwicklung

VII. Medientipps

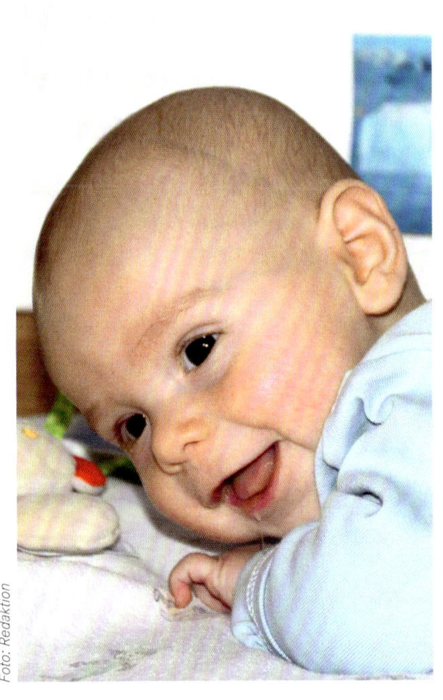

Foto: Redaktion

Foto: Harald Neumann

Foto: Christian Lola - Fotolia

Redaktioneller Hinweis: Zur besseren Lesbarkeit verwenden wir bei Personenbezeichnungen keine Doppelformen, sondern nur die weibliche oder die männliche Form. Gemeint sind immer beide Geschlechter.
Sicherheitshinweis: Kinder unter drei Jahren müssen beim Umgang mit Kleinteilen kontinuierlich beaufsichtigt werden. Achten Sie darauf, dass Kinder sich an Spielmaterialien nicht verletzen und diese nicht verschlucken. (Erstickungsgefahr!)

Schritt für Schritt – Entwicklung von 0 bis 3

Foto: Halfpoint - Fotolia

Kinder kommen mit großem Entwicklungs- und Lernpotenzial zur Welt. Die frühe Kindheit ist die lernintensivste Zeit im Leben eines Menschen.

von Jeanette Roos

1. Überlegungen zur kindlichen Entwicklung

Von Geburt an verfügen Säuglinge über ein Programm verschiedener Lernmechanismen, die sie dabei unterstützen, sich die Welt zu erschließen und zu begreifen sowie Wissen über sich selbst und die Mitmenschen zu erlangen. Kinder durchlaufen gerade in den allerersten Lebensjahren eine große Anzahl wichtiger Veränderungen ihres Verhaltens und Erlebens: Sie schulen ihre Sinne und lernen, diese zu integrieren; sie gewinnen die Fähigkeit, sich fortzubewegen und Objekte zu manipulieren, können die eigene Aufmerksamkeit zunehmend steuern und an ein Objekt, das nicht mehr in ihrem Sichtfeld ist, denken und es sich bildlich vorstellen. Sie üben, sich sprachlich zu verständigen, begreifen erste physikalische und soziale Abläufe und sind mehr und mehr in der Lage, ihre Gefühle zu regulieren und soziale Interaktionen zu steuern. Jede dieser Entwicklungen hat ihr eigenes Tempo.

Entwicklungsveränderungen geschehen im Kontext …

Bedeutsam ist, Veränderungen nicht isoliert, sondern immer im Kontext zu verstehen. So ist es für den Aufbau räumlicher gedanklicher Vorstellungen wichtig, dass Kinder sich aktiv im Raum bewegen können und Objekte mit dem Mund und den Händen erfahren. Nur so können sie begreifen, wie Dinge aus verschiedenen Perspektiven aussehen. Auch bei anderen Entwicklungsleistungen gibt es wichtige Querbezüge zwischen den Entwicklungsbereichen: So haben Verzögerungen der Sprachentwicklung fast immer Auswirkungen auf die soziale Entwicklung. Wer sich nur schlecht verbal verständigen kann, ist weniger gut in der Lage, auf andere zu reagieren (z. B. Anweisungen zu verstehen, auf sein Gegenüber einzugehen), und wird seine Interessen womöglich in einer sozial unerwünschten Weise zum Ausdruck bringen (z. B. bei Aggression schlagen, weil die Worte fehlen), was wiederum negative Folgen für die emotionale Entwicklung haben kann. Querbezüge werden ebenfalls deutlich, wenn man einen Blick auf die Auswirkungen besonderer Talente wirft: Man stelle sich ein Kind vor, das grobmotorisch besonders früh entwickelt ist. Es wird sich zu einem Zeitpunkt selbstständig bewegen, zu dem sein vorausschauendes Denken und die Fähigkeit, aus Fehlern zu lernen, noch nicht so gut entwickelt sind, dass es Gefahren und Risiken der Erkundungsversuche abschätzen kann. Weil seine Sprachkompetenzen ebenfalls noch begrenzt sind, kann das Kind Warnungen und Anweisungen Erwachsener noch nicht adäquat verstehen. Ist sein Umfeld eher vorsichtig, so wird das Kind früher und öfter als seine Altersgenossen erfahren, dass man seinem Explorationsdrang Grenzen setzt. Ist das Umfeld des Kindes besonders kontrollierend, entstehen leicht Konflikte mit Autoritäten und dies dürfte in manchen Fällen dann auch negative Auswirkungen auf die soziale und emotionale Entwicklung haben. Wenn die Persönlichkeit eines Kindes erfasst werden soll, ist ein umfassender Blick notwendig, der nie isoliert auf einzelne Fähigkeitsbereiche gerichtet ist.

… und sind bei jedem Kind verschieden

Jedes Kind steht im Laufe der Entwicklung vor zahlreichen Aufgaben, die es bewältigen muss, um seine eigene Entwicklung voranzubringen und sich Schritt für Schritt in der Welt zurechtzufinden. Die zentralen Entwicklungsaufgaben der ersten Jahre (z. B. Beziehungen aufbauen, gehen und sprechen lernen) sind

überall auf der Welt gleich bzw. universell. Die Art und Weise, wie oder zu welchem Zeitpunkt Kinder diese Aufgaben bewältigen, variiert jedoch beträchtlich. Unterschiede im Entwicklungsverlauf entstehen zum einen durch die Einzigartigkeit der genetischen Veranlagung eines jeden Kindes, zum anderen durch die Vielfältigkeit der Umwelt- bzw. Entwicklungsbedingungen, in denen Kinder aufwachsen. Die umgebende Kultur spielt eine wesentliche Rolle. Werte und Normen einer Kultur beeinflussen die Vorstellungen darüber, wie sich Kinder entwickeln und was sie lernen sollen. Je nach kulturellem Kontext und den dort vorherrschenden Erziehungsvorstellungen entstehen so ganz unterschiedliche Entwicklungsverläufe (vgl. auch Pauen & Roos 2017).

Bei der Geburt mitgebrachte Lernmechanismen können sich besonders gut in anregenden Bildungs- und Alltagsituationen und Interaktionen entfalten. Die ersten Lebensjahre stecken voller Möglichkeiten, die vom Kind mitgebrachten Ressourcen zum Lernen zu nutzen, die natürliche Neugier der Kinder, ihre Lernbereitschaft und Lernfähigkeit zu unterstützen und bei Bedarf zu fördern, ihnen multiple Anregungen zu geben und ihre Lernumwelt passend zu gestalten.

2. Was beeinflusst die Entwicklung?

Jedes Kind entwickelt sich auf seine ganz persönliche Art und in seinem eigenen Tempo. Die Entwicklungspsychologie beschäftigt sich vor allem mit der individuellen Entwicklung des Kindes, befasst sich aber auch mit den Unterschieden in der Entwicklung zwischen Kindern.

Viel diskutiert ist die Frage, was die kindliche Entwicklung beeinflusst. Wenn Yara bereits mit 21 Monaten Mehrwortsätze bildet, Luis im gleichen Alter aber erst einen Wortschatz von 19 Wörtern hat – woran liegt das dann? Hat Yara die besseren Gene von ihren Eltern mitbekommen oder wächst sie in einem Umfeld auf, das ihre Sprachentwicklung besser fördert?

Sicher ist: Der individuelle Entwicklungsverlauf jedes Kindes resultiert aus dem Zusammenspiel seiner genetischen Veranlagung (z. B. Temperament), den sich alterstypisch verändernden individuellen Merkmalen sowie Merkmalskonfigurationen des Kindes (z. B. spezifische Lernerfahrungen, die es macht) und der jeweiligen sich verändernden Umwelt und ihren Bedingungen, in denen das Kind aufwächst. Die Bedingungen nehmen aktiv steuernden Einfluss auf die kindlichen Entwicklungsfortschritte. So entstehen große individuelle Unterschiede zwischen Kindern, die sich im Spektrum normaler Entwicklung bewegen. Auch das Kind ist von Anfang an aktiv; zugleich erzeugt es aber auch durch seine Charakteristika Reaktionen in der Umwelt, auf die es selbst wiederum reagiert (Weinert 2015). Da leibliche Eltern gleichzeitig Genspender und Umweltgestalter für ihre Kinder sind, ist das Zusammenspiel von Anlage- und Umweltfaktoren häufig. So geben z. B. ästhetisch-künstlerisch begabte Eltern ihrem Kind unter Umständen nicht nur ihre Veranlagung mit, sondern bieten ihm schon früh vielfältige ästhetisch-künstlerische Anreize und Anregungen. Ein solches Kind erfährt dann mehrfach positive Voraussetzungen, sich in diesem Bereich besonders gut zu entwickeln.

Wie die Merkmale des Kindes und die Einflüsse der Umwelt zusammenwirken, ist verschieden: Ein und dieselbe Umwelt wirkt auf unterschiedliche Kinder verschieden, wie sich auch ein und dasselbe Kind in verschiedenen Umwelten unterschiedlich entwickelt. So profitieren ängstlichere

Foto: Redaktion

Werden Säuglinge häufig auf den Bauch gelegt, können sich viele von ihnen schon ab dem Alter von 6 Monaten in eine Stützposition bringen

Kinder von anderen Umweltmerkmalen als weniger ängstliche Kinder. Kinder mit eingeschränkteren kognitiven Grundfähigkeiten oder Sprachlernfähigkeiten ziehen aus anderen Anregungen Nutzen, als dies für Kinder mit besonders fortgeschrittenen Fähigkeiten oder besonderer Begabung in einem Bereich gilt. Was für das eine Kind gut und wichtig oder auch „risikoreich" oder beeinträchtigend ist, muss dies nicht in gleicher Weise für ein anderes Kind mit anderen individuellen Charakteristika sein. Diese Überlegungen gelten nicht nur für Unterschiede zwischen Kindern. In ähnlicher Weise kann ein und dieselbe Umwelt auf einen Entwicklungsbereich begünstigend wirken, für einen anderen Bereich jedoch eine Anforderung darstellen.

Die Bedeutung der Umwelt, in der das Kind aufwächst

Die Forschung zeigt, dass Unterschiede in der Umwelt einen erheblichen Einfluss auf die kindliche Entwicklung haben. So konnten bspw. nahezu alle sechs Monate alten Kinder (98,6 %) einer Stichprobe ländlicher kamerunischer Kinder ohne Unterstützung für mindestens 30 Sekunden frei sitzen, während dies lediglich 12 % der deutschen Mittelschicht-Kinder in diesem Alter konnten. Diese wiederum waren in der Lage, sich mit sechs Monaten zu 54 % vom Rücken auf den Bauch zu drehen, während dies lediglich 11 % der ländlichen kamerunischen Kinder konnten (Lohaus et al. 2011). Wie kommen diese Unterschiede in der motorischen Entwicklung zustande? In der westlichen Mittelschicht kann man oft beobachten, dass Kinder auf Decken liegen, durch Spielzeuge unterhalten werden und sich teilweise auch allein beschäftigen. Dabei lernen sie mit Unterstützung der Bezugspersonen, sich vom Rücken auf den Bauch und umgekehrt zu drehen. Hier ist es nicht üblich, das Sitzen und Gehen zu trainieren. In vielen nicht-westlichen ländlichen Kontexten tragen die Bezugspersonen die Kinder hingegen sehr häufig am Körper. Die Momente, in denen sie allein liegen, sind eher selten. Dafür gibt es hier oftmals Trainingsmaßnahmen, mit denen Bezugspersonen den Kindern das freie Sitzen und Gehen beibringen. Diese Fähigkeiten ermöglichen es den Kindern, sich vor Gefahren zu schützen und recht früh bei alltäglichen Tätigkeiten helfen zu können. Jedes kulturelle Modell unterstützt und fördert also unterschiedliche Aspekte der kindlichen Entwicklung und schreibt anderen eine geringere Bedeutung zu (vgl. Borke et al. 2013).

Verzögerte Entwicklung

Helena (18 Monate) sitzt frei, bewegt sich aber nur krabbelnd fort. Ist sie in ihrer motorischen Entwicklung verzögert und braucht bestimmte Förderung oder ist alles im altersentsprechenden Rahmen? Die dargestellte Variabilität von Entwicklungsprozessen macht die Beantwortung der Frage, wann eine Entwicklung problematisch verläuft bzw. wann von Entwicklungsverzögerungen ausgegangen werden kann, nicht leicht. Dennoch ist es sehr wichtig, hier Anhaltspunkte zu definieren, um möglichen Fehlentwicklungen entgegenwirken und Kinder wie Familien frühzeitig unterstützen zu können. Eine systematische und regelmäßige Entwicklungsdiagnostik sowie die Dokumentation von Entwicklungsverläufen in Kindertageseinrichtungen gibt Fachkräf-

Foto: alexandersw - Fotolia

Definierte Grenz- und Meilensteine helfen Fachkräften, Entwicklungsverzögerungen zu erkennen

ten das richtige Instrumentarium an die Hand, um beim Verdacht einer Entwicklungsverzögerung nicht dem Bauchgefühl, sondern definierten Meilen- und Grenzsteinen zu vertrauen. Ein gängiges Beobachtungsinstrument sind die „Grenzsteine der Entwicklung“ (Michaelis 2006) sowie „MONDEY“ (Milestones Of Normal Development in Early Years, Pauen 2018).

3. Spielen als Motor der kindlichen Entwicklung

Kindliche Neugier lässt sich nicht beliebig wecken – was ein Kind interessiert und worauf es neugierig ist, hängt immer auch von seinem Alter und den jeweiligen Fähigkeiten ab, die sich gerade entwickeln. Bestes Zeichen für das aktuelle Interesse eines Kindes ist, wenn es sich konzentriert, anhaltend und gerne mit etwas beschäftigt – mit einem Spielzeug oder Bilderbuch, mit alltäglichen Gegenständen oder mit natürlichen Materialien wie Sand, Steinen oder Muscheln. Es probiert dabei spielerisch aus, zu welchen weiteren Zwecken die Dinge taugen und nützlich sind. Vom ersten Lebenstag an entwickeln sich Kinder weiter. Sie verfeinern ihre angeborenen Fähigkeiten und erwerben gleichzeitig neue Fähigkeiten und Fertigkeiten dazu. Kinder haben den angeborenen Wunsch, etwas zu bewirken und eigenständig zu werden. Sie möchten verstehen, was ringsum passiert und was das mit ihnen zu tun hat, wissen, wie etwas funktioniert: Passt das Wasser aus dem großen Becher auch in den kleinen Becher? Und wie ist es umgekehrt? Warum fällt der Turm um, wenn der schmale Baustein unten liegt? Wo ist der Ball, wenn er unter das Regal rollt? Fallen alle Dinge auf den Boden, wenn ich sie loslasse? Kinder haben ein großes Potenzial für implizite (spielerische Aneignung von Fertigkeiten und Wissen in der Tätigkeit) und inzidentelle (beiläufiges Lernen in der Handlung ohne Lernabsicht) Lernprozesse, sie folgen ihrer angeborenen Neugier.

Tipp:

Sie möchten mehr darüber wissen, welche Dokumentationsverfahren gut geeignet sind, wenn Sie den Verdacht haben, bei einem Kind könnte eine Entwicklungsverzögerung vorliegen? Dann schauen Sie doch in das „Kleinstkinder“-Themenheft „Beobachten und Dokumentieren“.

4. Professionelle pädagogische Fachkräfte

Da die Umwelt, in der ein Kind aufwächst, so entscheidend für seine Entwicklung ist, kommen Kindertageseinrichtungen und Fachkräften neben Elternhäusern eine sehr bedeutsame Aufgabe zu: Als Begleiterinnen und Begleiter der kindlichen Entwicklung kreieren Fachkräfte eine anregende Umgebung, machen Bildungsangebote und unterstützen und fördern die Entwicklung der Kinder. Sie beobachten und dokumentieren die kindliche Entwicklung und können Kindern so Anregungen bieten, die ihrem aktuellen Entwicklungsstand und ihren aktuellen Entwicklungsthemen entsprechen.

Kinder können das für eine gesunde Entwicklung nötige körperliche, geistige und seelische Wohlbefinden dann entfalten, wenn ihre Grundbedürfnisse, z. B. nach Nahrung, Schlaf und Pflege, aber auch nach Zuwendung, Schutz und Anregung einfühlsam und zuverlässig befriedigt sind. Voraussetzung dafür ist auch die sichere Bindung zu wichtigen Bezugspersonen. Nur auf dieser Grundlage können Kinder die Welt erkunden und haben die Sicherheit, sich auf Neues einzulassen. Kinder in ihrer Entwicklung zu begleiten und zu beobachten, ist faszinierend, erfordert aber einen aufmerksamen Blick und ein auf das Kind abgestimmtes Handeln. Fachkräfte sollten nicht versuchen, einem Kind etwas beizubringen, wozu es noch nicht bereit ist, sondern wirklichkeitsnahe Erwartungen an Kinder stellen. Ein zweijähriges Kind etwa kann i. d. R. noch nicht über längere Zeit allein spielen, auch wenn es Kinder gibt, die sich schon früh sehr gut allein beschäftigen können. Fachkräfte unterstützen Kinder in ihrer Entwicklung, wenn sie Bildungsangebote und Anregungen auf die jeweiligen Interessen abstimmen. Kinder brauchen Bestärkung und Lob, wenn sie etwas von sich aus und selbst machen möchten. Zudem brauchen sie Erwachsene, die sich mit ihnen über alles freuen, was sie neu gelernt haben. Aufgabe der Fachkräfte ist es, Kindern einen Rahmen zu bieten, in dem sie ihr Können im alltäglichen Leben anwenden können. Jedes eigene Tun stärkt das Selbstgefühl und gibt Selbstvertrauen und Selbstsicherheit. Wenn etwas beim ersten Versuch nicht gleich klappt, brauchen Kinder nicht unbedingt Hilfe, sondern eher Ermutigungen, es noch einmal zu versuchen. Fachkräfte sollten Kindern nur bei den Dingen helfen, zu denen sie selbst (noch) nicht in der Lage sind. Kinder dürfen auch einmal enttäuscht sein, denn sie müssen lernen, mit Enttäuschungen und Rückschlägen umzugehen und sich durch sie nicht entmutigen zu lassen. Dies gilt auch, wenn Kinder in ihrer Entwicklung verzögert sind oder eine Behinderung haben und es vielleicht besonders schwerfällt, ihre Enttäuschung bei einem Misserfolg mit anzusehen.

Kinder in den ersten drei Lebensjahren benötigen Bildungsangebote, Anregungen und Unterstützung durch angemessene Räumlichkeiten und Spielmaterialien sowie die Anbahnung und Förderung von Spielgemeinschaften mit Gleichaltrigen.

Buchtipp

Wenn Sie dieses Heft angeregt und für Entwicklungspsychologie interessiert hat, können Sie Ihr Wissen mit folgendem Buch vertiefen:

Entwicklung in den ersten Lebensjahren (0–3 Jahre)

von S. Pauen und J. Roos
Reinhardt 2017

Zu einer vorbereiteten Umgebung gehören auch vorbereitete Erwachsene. Eine Lernumgebung stellt dann eine Entwicklungsressource dar, wenn pädagogische Fachkräfte sich auf die altersspezifischen und individuellen Entwicklungsthemen und -bedürfnisse der Kinder adäquat einstellen. Hierfür ist vor allem entwicklungspsychologisches Wissen unabdingbar. Damit dieses Wissen nicht unreflektiert sowie fall- und situationsunsensibel angewendet wird, brauchen Fachkräfte differenzierte methodische Kompetenzen, d. h. die Fähigkeit, den konkreten Alltag mit Säuglingen und Kleinkindern sowie die Zusammenarbeit mit ihren Familien entwicklungsförderlich zu gestalten. Die Entwicklung von Kindern können Pädagoginnen nur bedingt beschleunigen. Aber durch Anregungen, Bildungsangebote und vielseitige Erfahrungsmöglichkeiten können pädagogische Fachkräfte Kinder in ihrer angeborenen Neugier und ihrem Lernwillen unterstützen, sie zu neuen Taten ermutigen und ihnen so erfolgreiche Lernprozesse ermöglichen. Dies gilt auch für jene Kinder, die in ihrer Entwicklung langsamer sind, und für Kinder, die infolge einer Erkrankung oder einer Behinderung spezielle Unterstützung benötigen. Dazu möchte dieses Themenheft „Grundlagen der Entwicklungspsychologie" einen Beitrag leisten.

Fotos: Harald Neumann

Das Spiel mit Gleichaltrigen fördert die kindliche Entwicklung

Glucksen, babbeln, erste Worte

„Mama, da! Ada!“ Die ersten Worte von Kleinkindern lassen Eltern vor Stolz platzen. Zu Recht! Sprechenlernen ist ein hochkomplexer Prozess, den Kinder scheinbar mühelos bewältigen.

von Steffi Sachse

Die sprachliche Entwicklung von Kindern ist ein entscheidender Teil der gesamten kindlichen Entwicklung. Sie steht im engen Austausch mit anderen Entwicklungsbereichen: Die sprachliche und die kognitive Entwicklung beeinflussen sich wechselseitig. Durch Nachfragen lernen Kinder z. B. verstehen, was abstrakte Konzepte wie „glücklich sein“ bedeuten. Sprachliche Fähigkeiten von Kindern sind aber auch wichtig dafür, gelingende soziale Beziehungen zu anderen Kindern oder Erwachsenen aufzubauen, über eigene Gefühle zu sprechen und im Austausch mit einer Bezugsperson die Gefühle von anderen zu verstehen.

1. Meilensteine der frühen Sprachentwicklung

Sprachentwicklung beginnt lange vor der Produktion der ersten Wörter. Gerade in den ersten drei Lebensjahren ist es wichtig, dies zu erkennen und als Bezugsperson auch die vielen frühen sprachlichen Entwicklungsstadien als solche zu verstehen und angemessen darauf zu reagieren.

Sprache verstehen ...

Kinder beginnen *bereits vor der Geburt* damit, sprachliche Informationen zu verarbeiten (sie registrieren bspw. Unterschiede in ähnlichen Silben) und sich an bestimmte Sprachmelodiemuster z. B. aus Reimversen zu erinnern (vgl. Sachse / Suchodoletz 2011). Kinder kommen zur Welt und bevorzugen die Sprache(n) ihrer Umgebung sowie die Sprache der eigenen Mutter – sie wissen also schon eine Menge über sprachliche Muster. Im ersten Lebensjahr sind Kinder noch in der Lage, alle Sprachlaute, die überhaupt möglich sind, zu unterscheiden. *Mit ca. acht bis zehn*

Bausteine unserer Sprache

Die sprachliche Entwicklung von Kindern wird meist auf verschiedenen Ebenen beschrieben. Diese stammen aus der Sprachwissenschaft (Linguistik), die in folgende zentrale Bereiche unterteilt ist:

- **Phonologie:** befasst sich mit der (bedeutungsunterscheidenden) Funktion von Lauten in Sprachen, man könnte sagen mit dem Lautsystem
- **Phonetik:** befasst sich mit der Bildung und Artikulation von Lauten durch die Sprechwerkzeuge (Stimmbänder, Zunge, Lippen etc.)

(Phonetik und Phonologie: „Aussprache“)

- **Prosodie:** befasst sich mit dem Akzent, dem Sprechtempo, den Pausen oder der Sprechmelodie
- **Wortschatz** (Lexik): bezeichnet die Gesamtheit aller Wörter, die ein Sprecher kann oder die eine Sprache hat; **Semantik** ist die Lehre von den Wortbedeutungen
- **Syntax:** beschreibt den Satzbau (z. B. steht das Verb im Deutschen in einem Hauptsatz an zweiter Stelle: Ich gehe nach oben)
- **Morphologie:** befasst sich mit Wortbildung, Wortarten und Wortformen, z. B. der Veränderung von Verben in Abhängigkeit von der handelnden Person (er springt, sie springen)

(Syntax und Morphologie: „Grammatik“)

- **Pragmatik:** umfasst die kommunikativen Fähigkeiten, wie etwa die Bezugnahme auf einen Gesprächspartner oder auch Erzählfähigkeiten, die sich bis über die Grundschulzeit hinweg noch weiterentwickeln

Monaten erfolgt dann eine Spezialisierung auf die Laute der Umgebungssprache(n), was eine besonders effektive Verarbeitung dieser Sprache(n) ermöglicht (z. B. Siegler et al. 2016). Kinder entwickeln sehr früh eine besondere Sensitivität für Grenzen von zusammenhängenden sprachlichen Einheiten, die durch Pausen, Tonhöhenveränderungen sowie Dehnungen von Silben bestimmt werden. *Im Alter von ca. sechs Monaten* beginnen sie, einzelne Wörter (zunächst meist den eigenen Namen) zu erkennen und kurze Zeit später auch richtig zuzuordnen, sodass *mit zwölf Monaten* Verständnisleistungen zumindest auf der Wortebene möglich sind.

Tipp:

Mehr Hintergrundinformationen und viele praktische Tipps rund um das Thema Sprachentwicklung und Sprachförderung finden Sie im „Kleinstkinder"-Themenheft „Im Dialog. Alltagsintegrierte Sprachbildung". Erhältlich für 9,99 € unter: www.herder.de

... und selbst sprechen lernen

Auf der anderen Seite sind auch die ersten lautlichen produktiven Äußerungen von Kindern – Schreien, Gurren, Lachen, Lallen – wichtige Schritte auf dem Weg in die Sprache. Schon das Schreien beinhaltet mehr als eine reine Signalfunktion und bereitet auf die Sprachentwicklung vor (Wermke 2004). Es weist schon Merkmale der Umgebungssprache(n) der Kinder auf. Französische Babys weisen etwas andere Schreimuster auf als deutsch aufwachsende Kinder. Das Lallen mit Vokalen beginnt sehr früh, später *(etwa mit 7 Monaten)* beginnen sie typischerweise mit dem sog. Konsonant-Vokal-Lallen (auch kanonisches Lallen, wie *„bababa"*, *„mamam"*, z.B. Papoušek 1994). Aus diesen frühen Lautäußerungen entstehen *gegen Ende des ersten Lebensjahres* die ersten Protowörter und Wörter. Protowörter sind Wortschöpfungen von Kindern, die stabil für eine be-

Was versprachlichen Kinder in den ersten drei Lebensjahren?

Drei typische Beispiele anhand einer Bildergeschichte

Illustrationen: Volker Kaufmann

Julika, 1;5 Jahre: „Da – Affe da!", „Affe da", „Da Affe"

Max, 2;3 Jahre: „eine Maus des", „da kommt der unter, der pritz da", „des auch Maus"

Jakob, 2;11 Jahre: „Ein Frosch ... und eine Maus ... und des .... auch eine Maus ... und des auch is eine Maus."
Pädagogische Fachkraft: „Was macht die Maus denn da?"
Jakob: „Da Wasser pschingen die. Die springt Wasser."

Julika benutzt bisher vorrangig Einwortäußerungen, wobei das verwendete Wort hier wahrscheinlich eine Übergeneralisierung ist (z. B. vom Wort Affe für ein Tier auf alle Tiere mit Fell), sowie eine erste Zweiwortverbindung mit „da";
Max hat schon deutlich mehr Wörter zur Verfügung, ebenso Jakob: Beide Jungen produzieren Mehrwortäußerungen, diese sind aber syntaktisch noch nicht vollständig – es fehlen Satzteile oder die Wörter werden noch nicht in der richtigen Reihenfolge verwendet. In beiden Äußerungen finden sich schon morphologische Markierungen, z.B. gebeugte Verben (spritzt), auch hier wird aber noch nicht alles vollständig versprachlicht, und es finden sich noch Satzteile, bei denen Verb und Subjekt nicht übereinstimmen („da Wasser pschingen die").
Im Bereich der Phonologie wird ersichtlich, dass bestimmte Konsonantenverbindungen vereinfacht werden – so reduziert Max das „sp" auf „p" und auch Jakob zeigt ganz alterstypische Phänomene bei Produktion der Konsonantenverbindung „spr".
Keines der Kinder realisiert in diesem Alter schon eine echte Geschichte: Die Einzelaussagen zu den Bildern stehen eher nebeneinander und werden noch nicht zu einer zusammenhängenden Erzählung verknüpft.

Fotos: Harald Naumann

Quatsch machen und dabei spielerisch Sprachkompetenzen erwerben

stimmte Sache verwendet werden, wie z. B. „mima“ für ein bestimmtes Kuscheltier. Relativ kulturübergreifend sind Mama und Papa unter den häufigsten ersten Wörtern zu finden (Dale & Fenson 1996; Grimm 2003). Die Tabelle auf S. 14 / 15 veranschaulicht wichtige sprachliche Entwicklungsschritte in den ersten drei Lebensjahren, getrennt dargestellt für die oben beschriebenen linguistischen Ebenen. Typisch für die Sprachentwicklung ist,

- dass Kinder immer zuerst das Sprachverständnis entwickeln und erst danach selbst sprechen,
- dass nicht alle Kinder die dargestellten Meilensteine in einem sehr engen Zeitraum erwerben, sondern dass es insbesondere zu Beginn der kindlichen Entwicklung eine große zeitliche Variabilität gibt (z. B. dahingehend, wann Kinder die ersten Wörter produzieren). Kinder verwenden teilweise auch unterschiedliche Strategien im Spracherwerb.

So kann eine solche Übersichtstabelle nur grob typische Entwicklungsschritte und die entsprechenden Altersbereiche verdeutlichen.

2. Was ein Kind braucht, um sprechen zu lernen

Die sprachliche Entwicklung von Kindern vollzieht sich in einem engen Wechselspiel zwischen den Fähigkeiten, die ein Kind mitbringt, und dem Angebot, welches die Umwelt dem Kind macht. Beides ist unbedingt notwendig für den Spracherwerb. Die Vorbereitung auf den Spracherwerb gelingt jedoch nur im Dialog mit Bezugspersonen: Der Säugling ahmt Laute und gesprochene Worte nach, übt den Wechsel von Zuhören und eigenem Vokalisieren.

Zu den kindlichen Voraussetzungen für die Sprachentwicklung gehören:

- intakte Sprechorgane, welche die Bildung von Sprachlauten ermöglichen
- ein intaktes Hörvermögen: Beeinträchtigungen des Hörvermögens können je nach Schweregrad zu Verzögerungen oder Störungen bzw. bei Gehörlosigkeit zum Ausbleiben der Sprachentwicklung führen
- Wahrnehmungsfähigkeiten im auditiv-verbalen Bereich, die es Kindern u. a. erlauben, sprachliche Laute und dadurch Wörter zu unterscheiden (z. B. Kanne – Tanne) bzw. Stimmen zu identifizieren
- kognitive Fähigkeiten, z. B. die Fähigkeit, sich kurz- und langfristig verbale Informationen merken zu können, oder auch die Fähigkeit zu kategorisieren, um darauf aufbauend z. B. ähnliche Dinge mit derselben Bezeichnung zu versehen
- sozial-kognitive Fähigkeiten, z. B. die Präferenz von Kindern für Gesichter und Stimmen, ein prinzipielles Interesse an sozialer Interaktion, die Fähigkeit zur Imitation oder die Verwendung von Gesten. Im Bereich der gestischen Entwicklung sind es insbesondere Zeigegesten, die für den Einstieg in die aktive Sprache relevant sind

Der Spracherwerb von Kindern vollzieht sich in sozialen Interaktionen und gelingt nur im Dialog mit Bezugspersonen. Notwendige Merkmale, die sich in der sprachlichen Umgebung von Kindern und damit auch in frühen Betreuungssituationen finden, sind z. B.

- allgemeine und sprachliche Anregung durch alle Bezugspersonen (gemeinsames Sprechen und Spielen, Bilderbücher anschauen und vorlesen, Erzählen ...)
- der intuitive Einsatz von kindgerichteter Sprache (s. u.)
- responsives Verhalten der Bezugspersonen, d. h., Bezugspersonen reagieren auf kindliche Äußerungen und greifen diese auf, auch in sehr frühen Stufen der Sprachentwicklung. Kinder können so erfahren, dass sich

Ungefähre Altersangabe	Pragmatik / sprachliche Kommunikation	Aussprache / Phonologie
ca. 0 bis 3 Monate	Erzielen von kommunikativen Effekten über Schreien als lautliche Äußerung und Mimik Ab ca. 2–3 Monaten bewusstes Lächeln	Unterscheidung sprachlicher von nichtsprachlichen Lauten sowie zwischen Sprachlauten, Unterscheidung der Umgebungs- von einer Fremdsprache; Verständnis für Stimmungen, Stimmklang
		Schreien, basale biologische Geräusche (z. B. Saugen, Husten), Erprobung von Bewegungen im Mundraum: Gurren, Lachen
ca. 3 bis 6 Monate		Kopfwendung in Richtung einer Geräuschquelle, Reaktion auf eigenen Namen
	Dialogähnliche Interaktion, differenziertes Äußern von Bedürfnissen und Unmut (z. B. durch Wegdrehen)	Schmatz- und Zischgeräusche, Vokallallen, erste Silben
ca. 6 bis 8 Monate		Gezielte Hinwendung zu Geräuschquellen
	Einsatz von Mimik und Gestik zur Kommunikation	Erste kanonische Lallmuster (Konsonant-Vokal-Folgen wie „bababa“, „gagaga“)
ca. 8 bis 12 Monate	Verstehen von Verboten	
	Triangulärer Blickkontakt (Bezugsperson und Kind richten gemeinsam Blick und Aufmerksamkeit auf ein Objekt)	Redupliziерendes („baba“) und variierendes („bada“) Lallen, Lallmonologe, Vielzahl an Lauten, Lautmalereien
ca. 12 bis 18 Monate		
	1. Fragealter: Einholen von Informationen durch aufsteigende Tongebung Einhalten von Turn-Taking-Regeln (abwechselndes „Sprechen“) Bezugnahme auf Gesprächspartner im Dialog Symbolspiel	Erste Laute werden gezielt zur Wortbildung eingesetzt: p, b, m, n, t
ca. 18 bis 24 Monate		
		Einsatz weiterer Laute: w, f, l (1. und 2. Artikulationszone)
ca. 24 bis 30 Monate		
	Zunehmende Gesprächslänge (20 zusammenhängende Äußerungen)	g, k, ch (ach-Laut), h, r, pf werden gebildet (3. Artikulationszone)
ca. 30 bis 36 Monate		Beginnende Überwindung von Auslassungen und Vereinfachungen
ca. 3 Jahre	Verstehen von Alternativfragen („Möchtest du ... oder ...?“), komplizierteren Aufträgen, einfachen Geschichten	
	2. Fragealter: Wissen über Fragen erweitern Erste Anpassung an Gesprächspartner und Perspektivübernahme Einfache Erzählungen und Schilderung kurzer Sachverhalte (aber nur selten über etwas, was nicht zur unmittelbaren Gegenwart gehört)	Sprechen ist auch für Fremde meist verständlich Weitere Laute (ng, j) und Konsonantenverbindungen (bl, kn, kr) kommen hinzu

Semantik / Lexikon	Syntax / Grammatik	Besonderheiten
Verständnis erster Wörter		
Verstehen von Sätzen über Verständnis on Einzelwörtern (Schlüsselwortstrategie)		
Protowörter (Eigenwortkreationen fest für bestimmte Gegenstände einsetzen, z. B. Dudu für Schnuller)		
	Überwinden der Schlüsselwortstrategie, Verstehen einfacher Fragen / Aufforderungen	
Produktion erster Wörter (Mama, Wauwau), ab 50 Wörtern oft rasanter Wortschatz-Zuwachs (Wortschatzspurt)	Einwortäußerungen, Betonung transportiert unterschiedliche Bedeutungen	
Mind. 3 Körperteile können gezeigt werden	Grammatik trägt zum Sprachverstehen bei	Mit spätestens 2 Jahren sollten 50 Wörter aktiv produziert werden und Zweiwortkombinationen gebildet werden, ansonsten spricht man von „Late Talkern“ Sprechen kann noch undeutlich sein, alterstypische Vereinfachungen von Lauten
Produktion von ca. 200 Wörtern: viele Nomen, erste Verben und Adjektive	Zwei- und Dreiwort-Sätze, anfangs Verbendstellung, Verben meist im Infinitiv	
Verstehen von Präpositionen		
Starker Ausbau des Wortschatzes: Zuwachs von Verben, Pronomen, Funktionswörtern	Äußerungslänge steigt, Rückgang von Auslassungen	
	Erwerb von Verbzweitstellung und Subjekt-Verb-Kongruenz (ich gehe, du gehst etc.) Beginnender Erwerb von Tempusmarkierungen Verwendung variabler Satzarten	Über- und Untergeneralisierungen in der Wortproduktion
		Einzelne Laute können im Lautinventar noch fehlen Fehler bei Plural- und Kasusmarkierungen sowie bei der Bildung von unregelmäßigen Verbformen sind entwicklungsnormal
Weitere Zunahme des Wortschatzes, Gebrauch grammatischer Funktionswörter (Artikel, Präpositionen) Erwerb von Ober- und Unterbegriffen	Einfache Sätze werden korrekt gebildet: Verb gebeugt an zweiter Satzposition Erwerb erster Nebensätze Beginnender Erwerb von Pluralformen und Kasus (Nominativ, Akkusativ, Dativ)	

Anmerkung: Angaben zusammengestellt und entnommen aus : Kany / Schöler 2010 , Kauschke 2012, Hellrung 2006, Görisch 2014, Fährmann 2014, De Langen-Müller 2012 ; hellgrau = Ebene des Sprachverstehens, dunkelgrau = Ebene der Sprachproduktion

Foto: Harald Neumann

Bereits im Mutterleib lernen Babys den Klang ihrer Muttersprache kennen

Sprechen lohnt, dass man sich über Sprache mitteilen kann bzw. beim Sprechen eine Reaktion beim Gesprächspartner hervorrufen kann.

- das Herstellen eines gemeinsamen Aufmerksamkeitsfokus (Kind und Bezugsperson richten gemeinsam die Aufmerksamkeit auf ein drittes Objekt, meist mit Blicken und einer Zeigegeste von Kind oder Bezugsperson verbunden).

3. Kindgerichtete Sprache: eine natürliche Unterstützung

Es gibt eine besondere Art, wie Erwachsene mit Kindern sprechen – die sog. kindgerichtete Sprache. Bezugspersonen passen ihre Sprache intuitiv und optimal den kindlichen Bedürfnissen an. Die Sprache ändert sich entsprechend dem Alter der Kinder und kann die Sprachentwicklung offenbar direkt unterstützen. Dieser sog. Sprachcode wird von Eltern verwendet, aber auch von anderen Bezugspersonen und Erwachsenen und sogar von Kindern gegenüber jüngeren Kindern (z. B. Szagun 2013).

Babytalk oder Ammensprache

Der sog. Babytalk bzw. die Ammensprache erleichtert es Kindern im ersten Lebensjahr, sprachliche Einheiten wahrzunehmen. Bezugspersonen sprechen in einer höheren Tonlage, langsamer, akzentuierter und mit mehr Pausen. Die Sätze sind kurz, einfach strukturiert und beziehen sich auf direkt wahrnehmbare Dinge der Umgebung. Die Bezugspersonen wiederholen häufig oder ahmen kindliche Äußerungen nach. Das lenkt die kindliche Aufmerksamkeit auf die Sprache und unterstützt Kinder optimal beim Einstieg in das Lautsystem und die Sprachmelodie einer Sprache.

Stützende Sprache oder Scaffolding

Im Laufe des zweiten Lebensjahres verwenden Bezugspersonen die sog. stützende Sprache oder Scaffolding. Dabei richtet sich die Aufmerksamkeit von Kind und Bezugsperson oft auf einen gemeinsamen Fokus. Charakteristisch sind explizite Benennungen von Objekten und Wiederholungen sowie wiederkehrende sprachliche Routinen. Diese Art des Sprechens unterstützt Kinder beim Einstieg in die aktive Sprachproduktion und beim Aufbau des frühen Wortschatzes.

Lehrende Sprache oder Motherese

Mit zunehmenden sprachlichen Fähigkeiten der Kinder unterstützen die Bezugspersonen ab ca. dem dritten Lebensjahr auch den Erwerb der grammatischen Strukturen der Sprache durch die sog. lehrende Sprache oder Motherese. Diese beinhaltet viele Modellierungstechniken oder Sprachlehrstrategien. Auch wenn es Kulturen gibt, die diese Art des Sprechens nicht zeigen (Kinder dann aber auch oft ganz anders, z. B. mit wesentlich mehr Kontakt zu anderen Kindern, aufwachsen), unterstützt die Verwendung dieser kindgerichteten Sprache die Sprachentwicklung von Kindern. Bestimmte Strategien, die man innerhalb dieser kindgerichteten Sprache verwendet, sogenannte intuitive Sprachlehrstrategien, haben sich als besonders för-

Foto: Redaktion

Die sprachliche Entwicklung der Kinder mit Wortschatzfragebögen dokumentieren

Foto: Harald Neumann

Geteilte Aufmerksamkeit: Die Erzieherin und das Mädchen unterhalten sich über das Fensterbild

derlich erwiesen. Man kann sie auch zur sprachlichen Förderung von Kindern mit sprachlichen Auffälligkeiten oder schwachen Sprachleistungen effektiv und gewinnbringend einsetzen (Simon / Sachse 2013; Buschmann 2015). Dazu gehören folgende Aspekte (s. auch Ritterfeld 2000, Buschmann / Sachse 2017):

- Umformulierung / Transformation: Kind: „Heute gehen wir baden." Erwachsener: „Du möchtest heute baden gehen?"
- Erweiterung der kindlichen Äußerung um einen inhaltlichen Aspekt / Extension: Kind: „Da ist ein Auto." Erwachsener: „Da ist ein rotes Auto!"
- Grammatikalische Vervollständigung des Satzes / Expansion: Kind: „Junge fährt." Erwachsener: „Der Junge fährt." „Der fährt Fahrrad."
- Aufgreifen der kindlichen Äußerung und wiedergeben in verbesserter Form / korrektives Feedback - ohne die Äußerung explizit zu korrigieren: Kind: „Maus in Loch krabbelt is." Erwachsener: „Genau, die Maus ist in das Loch gekrabbelt."

4. Frühe sprachliche Verzögerungen

Erste sprachliche Auffälligkeiten im Sinne einer sprachlichen Verzögerung kann man im Alter von ca. 24 Monaten zuverlässig erfassen. Vor diesem Alter ist es aufgrund der hohen Variabilität in der Entwicklung nicht möglich, Kinder mit Auffälligkeiten zuverlässig zu identifizieren. Kinder im Alter von 24 Monaten sollten die Grenze von 50 aktiv produzierten Wörtern überschritten haben. Ist dies nicht der Fall, ist eine Abklärung beim Kinderarzt anzuraten, der dann überprüft, ob evtl. bestimmte verursachende Erkrankungen, wie z. B. ein eingeschränktes Hörvermögen oder eine allgemeine Entwicklungsverzögerung, vorliegen oder ob ausschließlich der sprachliche Bereich von der Entwicklungsverzögerung betroffen ist. Gut erfassbar sind sprachlich produktive Leistungen über Wortschatzfragebögen, die Bezugspersonen (Eltern oder pädagogische Fachkräfte) ausfüllen. Darin werden die Bezugspersonen gebeten, für unterschiedliche lange Wortschatzlisten jeweils zu entscheiden, ob das Kind dieses Wort schon aktiv spricht oder ob es bestimmte Satzkonstruktionen schon verwendet.

Tipp:

Ein Beispiel für solche Wortschatzlisten sind die relativ kurzen Fragebögen SBE-2KT und SBE-3KT, die kostenlos verfügbar sind und als erster Anhaltspunkt für die Beurteilung sprachlicher Fähigkeiten bei jungen Kindern dienen können. Zu finden unter: www.ph-heidelberg.de, Stichwort Frühdiagnostik (www.ph-heidelberg.de/index.php?id=11082)

Wie das Denken sich erweitert

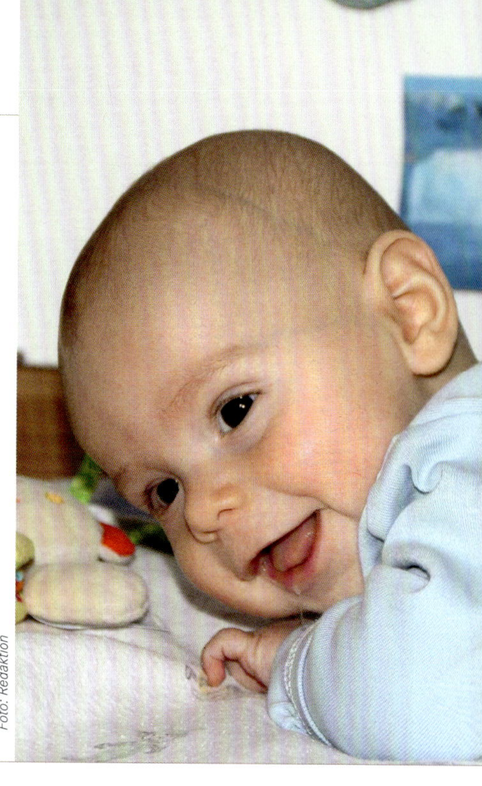

Foto: Redaktion

Die geistige Entwicklung ist ein vielschichtiger Prozess. Im Zusammenspiel von Erbanlagen, Reifung und ihren individuellen Erfahrungen lernen Kinder, immer komplexer zu denken.

von Jeanette Roos

Kognitionen sind mentale Prozesse, die man häufig auch mit dem Begriff Denken bezeichnet. Die kognitive Entwicklung beschreibt die Entwicklung dieser geistigen Prozesse, welche die Grundlage vieler Kompetenzen und Fähigkeiten sind. Zu den kognitiven Fähigkeiten gehören u. a. Lern- und Gedächtnisprozesse, Informationsverarbeitungs- und Problemlösekompetenzen, die Planung und Steuerung von Handlungen, der Erwerb von Wissen sowie komplexere Denkprozesse. Die kognitive Weiterentwicklung bei Kindern geht Hand in Hand mit anderen Entwicklungsbereichen. Eng mit der kognitiven Entwicklung verknüpft sind bspw. die sprachliche und die Wahrnehmungsentwicklung.

1. Wie sich kindliches Denken entwickelt

Die Entwicklung kindlichen Denkens beschäftigt die Wissenschaft schon lange. Immer wieder entwickelt sie Modelle und Theorien, die das Denken von Kindern erklären und die kognitive Entwicklung erforschen und beschreiben. Zwei der grundlegenden Theorien sind die Kognitive Entwicklungstheorie von Jean Piaget sowie die Soziokulturelle Theorie von Lew Wygotski.

Theorie der kognitiven Entwicklung

Der Schweizer Forscher Jean Piaget hat ab den 1920er-Jahren das Denken von Kindern intensiv erforscht und aufgrund seiner Analysen eine der einflussreichsten Theorien der kognitiven Entwicklung aufgestellt. Eine seiner Hauptaussagen besteht darin, dass Kinder vier aufeinander aufbauende Stadien durchlaufen, wobei jedes Stadium eine charakteristische Art und Weise des Denkens zum Ausdruck bringt. Die Theorie wurde in zahlreichen Untersuchungen überprüft, ergänzt und korrigiert. Beim Erklimmen höherer Stufen gehen die Fähigkeiten der vorausgehenden Stufen nicht verloren; die Aktivitäten der verschiedenen Stufen verbinden sich systematisch. Die Lebensaltersangaben der Theorie werden heute nicht mehr so ernst genommen; es gibt große interindividuelle und individuell-bereichsspezifische Unterschiede. In einigen Bereichen unterschätzte Piaget die Fähigkeiten der Kinder. Veränderungen in den Verhaltensmöglichkeiten bzw. das frühere Erreichen von Entwicklungsschritten der Kinder sind teilweise aber auch durch Akzeleration (die im Laufe der letzten Jahrzehnte beobachtete Beschleunigung der Entwicklung im Kindes- und Jugendalter) und den Wandel der Umwelten, in denen Kinder heute aufwachsen, zu erklären. Heute geht die Forschung davon aus, dass Kinder mit einem weit umfangreicheren Verständnis der Welt ausgestattet sind, als Piaget das annahm. Trotz dieser Kritik ist Piagets Stufentheorie noch immer grundlegend für die kognitive Entwicklungsforschung und hat die Forschung über Säuglinge inspiriert. Jede der vier aufeinander aufbauenden Stufen beschreibt eine charakteristische Art und Weise zu denken. Für das Alter von null bis drei Jahren sind insbesondere die ersten beiden von Piaget postulierten Stadien relevant:

Sensomotorische Entwicklungsstufe

Die erste Stufe (*sensomotorische Entwicklungsstufe*) beschreibt die kognitive Entwicklung des Kindes in den ersten 18 bis 24 Lebensmonaten. Nach der Geburt verfügt das Kind zunächst nur über Reflexe wie Saugen und einige Spontanbewegungen, kann aber z. B. noch nicht gezielt greifen (noch keine Auge-Hand-Koordination). In der sensomotorischen Stufe tritt das Denken in Form von motorischer Aktivität und Reaktion

auf Sinnesreize auf – Erfahrungen werden anhand von Sinnesorganen und Bewegungen gemacht. Zunächst (1.–4. Monat) werden angeborene Verhaltensmuster (Reflexe wie Saugen, Greifen, Suchen) geübt und weitgehend unverändert ausgeführt. Schließlich kommt es zu eher zufällig entdeckten Handlungen, die zu einem angenehmen Ergebnis führen. Dinge werden betrachtet, berührt, in den Mund gesteckt. Reflexe werden auf neue Gegenstände ausgeweitet und Verhalten modifiziert. Greifen und Sehen wird zunehmend koordiniert. Im weiteren Verlauf entdecken Säuglinge (4.–8. Monat), dass eine bestimmte Handlungsweise immer wieder zum selben Ergebnis führt, dass die Handlung also ein Mittel zur Erreichung dieses Ergebnisses ist. Freudiges Fuchteln mit den Armen bspw. bringt die am Verdeck des Kinderwagens hängende Puppe zum Schaukeln; wird also zunächst zufällig, danach systematischer eingesetzt, um sie in Bewegung zu bringen. Zufällig eingetretene Verhaltensereignisse werden wiederholt, weiten sich zunehmend auf die Umwelt aus und sind auf Effekte gerichtet (z. B. Rasselgeräusch). Schließlich (8.–12. Monat) wird das Verhalten intentional (absichtlich) und Gegenstände werden z. B. auf verschiedenste Weisen erforscht: Die Rassel wird geschüttelt, geworfen, gelutscht usw. Dabei werden die Handlungsschemata koordinierter und differenzierter (Greifen und Werfen, Zum-Mund-Führen und Beißen). Hindernisse werden beseitigt, um Ziele realisieren zu können. Zwischen dem 12. und 18. Monat wird aktiv durch Versuch und Irrtum experimentiert und dadurch werden neue Mittel zur Erreichung von Zielen entdeckt. Die letzte Phase dieser Stufe (18.–24. Monat) bildet den Übergang zum symbolischen Denken: Handlungen werden nun verinnerlicht. Denken ist nicht mehr an Handlungen gebunden und wird dadurch flexibler und effektiver.

Foto: Harald Neumann

Beim Symbolspiel wird der Karton zum Auto

Präoperationale Entwicklungsstufe

Das sich anschließende präoperationale Stadium gliedert Piaget in die Phase des symbolischen Denkens (2–4 Jahre) und die Phase des anschaulichen Denkens (4–6 Jahre). In der ersten Phase des symbolischen Denkens erwerben Kinder die Fähigkeit, symbolische Vorstellungen auch für abwesende Personen, Dinge oder Ereignisse zu bilden. Symbolische Vorstellungen werden durch Nachahmung gebildet: Kinder sehen Dinge oder Personen an, hantieren oder interagieren mit ihnen und verhalten sich wie sie. Dadurch eignen sie sich Informationen über sie an. Während dieser Phase sprechen Kinder auch zunehmend. Wörter können sich genau wie die Vorstellungen auf abwesende Dinge beziehen. Der Sprachgebrauch führt zur Entwicklung von Konzepten, die häufig falsch sind und an der Realität überprüft werden müssen, z. B.: unangemessene Generalisierungen in Form von animistischen (Unbelebtes als belebt wahrnehmen), finalistischen (Zweckerklärung: Bäume sind zum Schattenspenden da) und artifizialistischen (starke Leute haben den Berg gemacht) Erklärungen. Zusammenhänge von Ursache und Wirkung können nun erfasst oder ein längerer und unübersichtlicher Weg zu einem bestimmten Ziel vorgestellt werden. Dieses Vorstellungsvermögen eröffnet Kindern in dieser Zeit fantastische Leistungen, etwa das Symbolspiel. Da ist ein Holzklotz plötzlich ein Auto, ein Stück Rinde wird zum Telefon. Sie können sich nun sprachlich an abwesende Dinge oder vergangene Ereignisse erinnern, z. B. mit anderen Kindern an den gemeinsamen Zoobesuch am Vormittag. Nun beginnt auch das konkrete Zeichnen, z. B. von sogenannten Kopffüßlern.

In diesem Stadium sieht das Kind sich und die Welt aus einer Perspektive des Egozentrismus. Es geht davon aus, dass jeder so denkt wie es selbst, und ist noch nicht in der Lage, sich in andere Menschen hineinzuversetzen. Das ist vor allem für den Umgang mit Konflikten zentral (s. S. 36). Zusätzlich ist es davon überzeugt, dass alles, was es für real hält, auch real ist, bspw. Träume und Gedanken.

Die soziokulturelle Theorie

Jede Theorie hat ihre spezifischen Perspektiven auf Entwicklung. Zeitgleich zu Piaget, aber beheimatet in der Kultur Russlands, entstand eine andere, ebenfalls sehr einflussreiche Theorie der kognitiven Entwicklung, die soziokulturelle Theorie von Lew Wygotski. Er stellte in seiner Theorie heraus, welche wichtige Bedeutung der kulturelle Kontext und das soziale Miteinander für die kognitive Entwicklung besitzen. In Wygotskis Theorie wird das Kind in erster Linie als soziales Wesen betrachtet, welches sein Denken im Kontext des Denkens anderer Personen entwickelt. Wygotski betrachtete das Kind in der sog. Zone der nächsten Entwicklung, also mit der Frage: Welche nächsten Entwicklungsschritte stehen an, wo liegt das Entwicklungspotenzial eines Kindes? Pädagogische Fachkräfte sollten sich diese Frage stellen, um Kinder individuell in ihrer Entwicklung unterstützen zu können.

2. Denkschritte in den ersten Lebensjahren

Die Welt ist für einen Säugling zunächst so, wie sie ist – ohne dass er daran etwas ändern kann. Doch bereits im Laufe des ersten Lebensjahres kann er gezielt Mittel einsetzen, um etwas zu erreichen. Dieses wurde u. a. in Experimenten deutlich, in denen ein Mobile durch ein Band mit dem Bein der Säuglinge verbunden wurde. Erkennen Säuglinge, dass sie durch ihre Beinbewegungen das Mobile in Bewegung setzen können (was sie positiv erleben), dann beginnen sie schneller zu strampeln. Sie können demnach verstehen, dass sie selber die Bewegung des Mobiles verursachen und kontrollieren können.

Schon Säuglinge möchten die Welt verstehen können. Auch im Rahmen der geistigen Entwicklung nimmt ein Kind von Anfang an eine aktive Rolle ein: Von Geburt an nimmt es seine Umwelt mit allen Sinnen wahr und setzt sich auf seine ganz eigene Weise mit seiner Umgebung, mit Gegenständen und mit Handlungen auseinander. Es begreift und überprüft Zusammenhänge, verarbeitet seine Eindrücke und Vorstellungen und tastet sich an neue Erkenntnisse heran: Ist mir das, was ich wahrnehme, schon bekannt oder noch unbekannt? Signalisiert es etwas Wichtiges, wie bspw. die bevorstehende Mahlzeit? Ist es angenehm oder unangenehm? Mag ich das, was ich da in meinem Mund schmecke, oder mag ich das nicht? Hängt das, was ich sehe, auf irgendeine Weise mit meinem eigenen Verhalten zusammen? Kann ich es durch mein Verhalten erneut hervorrufen?

Schon mit wenigen Monaten ist ein Säugling in der Lage, seine verschiedenen Sinneserfahrungen (s. S. 44) zu

Guck-guck: Dieses Spiel begeistert beinahe alle Kinder im Alter ab 6 bis 8 Monaten

Foto: Harald Neumann

Freude am Experimentieren: Das Kind erkennt, dass es den Wasserfluss am Wasserhahn steuern kann

ersten einfachen Vorstellungen zu verknüpfen – von seinem eigenen Körper, von den Gegenständen in seiner Umgebung, aber auch von engen Bezugspersonen, deren Verhalten und ihrer Gestalt. Diese Erfahrungen machen Kinder vor allem im Miteinander, im Austausch mit anderen Menschen (soziale Entwicklung): Dazu gehört sich ermuntern, miteinander sprechen, bestätigt werden und das Vergnügen zu teilen, das sie beim Spielen empfinden.

Objektpermanenz

Etwa bis zum Alter von sechs bis acht Monaten existiert für Kinder nur das, was sie unmittelbar sehen und erleben: Wenn ein Gegenstand z. B. unter einem Tuch versteckt wird oder die Bezugsperson aus dem Zimmer geht, sind Gegenstand und Person für Säuglinge nicht mehr existent. Das Stofftier, das unter die Decke gerutscht ist, ist nicht mehr da. Mit etwa sechs, sieben Monaten beginnen Kinder, eine erste Vorstellung von den Dingen zu entwickeln. Sie sind jetzt in der Lage, alltägliche Gegenstände zu erkennen und zu unterscheiden. Mit etwa acht, neun Monaten können sie ihre Vorstellung von einem Gegenstand als Erinnerung kurz abspeichern. Sie begreifen allmählich, dass Menschen und Dinge auch dann noch da sind, wenn sie aus ihrem Blickfeld verschwunden sind: Sie suchen nach Spielzeug oder möchten, dass andere es finden. Und wenn es unter einem Tuch versteckt wird, wissen sie jetzt, dass es immer noch da ist. Dieses Phänomen wird Objektpermanenz genannt: die Fähigkeit von Kindern, einen Gegenstand, der aktuell nicht sichtbar, hörbar oder spürbar ist, trotzdem als existent wahrzunehmen. Diese ziemlich aufregende Erkenntnis möchten Kinder in ihrem Spiel nun unermüdlich auf die Probe stellen: Wohin rollt der Ball, wohin verschwindet der Gegenstand, wenn er auf den Boden fällt? Kinder verstecken nun ein Kuscheltier unter einem Kissen, um das Kissen gleich darauf wieder hochzuheben und zu überprüfen, ob das Kuscheltier tatsächlich noch da ist. Viel Freude haben Kinder jetzt, wenn man mit ihnen Guck-guck-da-Spiele spielt und die Pädagogin ihr Gesicht etwa hinter einem Tuch versteckt, um im nächsten Moment mit einem lachenden „Guck-guck-da“ wieder aufzutauchen.

Ursache und Wirkung

Etwa zum gleichen Zeitpunkt – mit acht, neun Monaten – machen Kinder noch eine weitere großartige Entdeckung: Wenn sie z. B. mit dem Löffel auf den Tisch hauen, macht das ein Geräusch. Je fester sie hauen, desto lauter wird es. Hauen

Fotos: Harald Neumann

Ein- und Ausräumen – damit beschäftigen sich Kinder gerne im zweiten Lebensjahr

sie auf ein Glas, klingt es anders. Und wenn sie an der Schnur einer Lauf-Ente ziehen, kommt diese so nahe, dass sie die Ente greifen können. Damit beginnen Kinder, Auswirkungen von einfachen Handlungen und erste Zusammenhänge von Ursache und Wirkung zu begreifen. Sie können nun gezielt Mittel einsetzen, um etwas zu erreichen, und probieren dies mit größtem Vergnügen an den verschiedensten Dingen aus: Brummt der Bär, wenn ich auf seinen Bauch drücke? Geht das Licht an, wenn ich den Lichtschalter drücke? Fließt Wasser aus dem Wasserhahn, wenn ich ihn öffne?

Bei all diesen Erprobungen erfahren Kinder ihre Selbstwirksamkeit, d. h. die Erkenntnis, selbst etwas bewirken und Einfluss auf ihre Umwelt nehmen zu können.

Stapeln, bauen, rollen

Das kindliche Spiel lässt meist gut erkennen, welchen neuen Erkenntnissen das Kind gerade auf der Spur ist. Mit Beginn des zweiten Lebensjahres fangen Kinder an, sich mit räumlichen Beziehungen auseinanderzusetzen und eine räumliche Vorstellung zu entwickeln. Im Spiel zeigen Kinder jetzt meist eine besondere Vorliebe für alle möglichen Behältnisse, die sie unermüdlich ein- und wieder ausräumen. Spielbecher mit Würfeln, Eimer und Förmchen im Sandkasten, Schachteln, Dosen, Schubladen – alles, in das etwas anderes hineinpasst, ist jetzt spannend.

Neugierig sind Kinder bald auch auf alles, was man stapeln kann. Sie beschäftigen sich damit, aus allem Möglichen Türme zu bauen.

Kinder können ihre Erfahrungen zunehmend für ihr weiteres Handeln umsetzen: Wenn der Turm aus Bauklötzen nach unzähligen Versuchen auf einmal stehen bleibt, weil zufällig ein großer Stein zuunterst liegt, werden Kinder von sich aus beim nächsten Turmbau mit einem großen Grundstein beginnen.

Selbermachen

Ebenfalls im zweiten Lebensjahr beginnen Kinder, sich dafür zu interessieren, wie die Dinge funktionieren und wie mit ihnen umgegangen wird. Sie möchten immer mehr selbst machen: sich mit der Bürste die Haare kämmen, allein mit dem Löffel essen, mit dem Telefon am Ohr telefonieren. Dabei entwickeln sie immer genauere Vorstellungen von Handlungen.

Sortieren und Ordnen

Ab etwa anderthalb Jahren erkennen Kinder bereits, dass Gegenstände gleich oder verschieden groß sein können. Sie beginnen, Dinge nach bestimmten Eigenschaften zu unterscheiden und zu sortieren, und können einfache Formen wie Kreise oder Dreiecke schon bald sicher zuordnen. Mit Vorliebe sortieren Kinder jetzt alle möglichen Dinge nach Form, Farbe, Material, Größe usw.: Löffel auf die eine Seite, Gabeln auf die andere, Holztiere hier, Autos dort. Es bereitet Vergnügen, Formen in die richtige Öffnung eines Formenbretts zu stecken.

So tun als ob

Gegen Ende des zweiten Lebensjahres besitzen Kinder bereits eine stabile innere Vorstellung von Gegenständen und Handlungen, die sie sich im Spiel einprägen. Wenn etwas nicht vorhanden ist, können sie sich diesen Gegenstand denken oder ein anderer Gegenstand bekommt einfach dessen Bedeutung: Mit Puppen und Stofftieren spielen Kinder kleine Alltagsszenen nach – sie geben der Puppe zu trinken, füttern die Zootiere. Ein Stöckchen kann ein Löffel sein, ein Hausschuh wird zum Auto, ein Karton zum Schiff.

Nach und nach entwickeln Kinder nun die Fähigkeit, sich das Ergebnis einer Handlung vorzustellen, ohne dass sie diese tatsächlich ausführen müssen. Aber: Denken und Tun verwechseln sie manchmal noch. Nach dem Motto „gedacht, getan“ glauben Kinder bisweilen, etwas schon getan zu haben, was sie nur gedacht haben.

Ichbezogenheit

In ihrem dritten Lebensjahr kennen Kinder zwar schon Zusammenhänge von Ursache und Wirkung, können aber beides in komplexeren Fällen noch nicht wirklich voneinander unterscheiden: Die Ursache für das, was geschieht, sehen Kinder in dem, was sie selbst denken und tun. Das Denken ist überwiegend ichbezogen: Dass andere Menschen die Welt anders sehen als sie selbst, können Kinder sich noch nicht vorstellen, sich in andere hineinzuversetzen (Perspektivenübernahme) fällt noch schwer. Auch Zeitspannen, in denen etwas passiert, und räumliche Größenverhältnisse können Kinder noch nicht überblicken und bedenken.

3. Wenn sich die kognitive Entwicklung verzögert

Mangelnde Anregungen und Erfahrungsmöglichkeiten, aber auch Konflikte in der Familie oder Krankheit können die Ursache für eine verzögerte geistige Entwicklung sein. Oft sind es jedoch Störungen in anderen Entwicklungsbereichen – bspw. in der motorischen Entwicklung oder unerkannte Sehschwächen oder Hörstörungen –, die auch die geistige Entwicklung des Kindes beeinträchtigen können. Deshalb ist es wichtig, solche angeborenen oder erworbenen Schwächen frühzeitig zu erkennen und zu behandeln.

Systematisches Beobachten und Dokumentieren (s. „Kleinstkinder“-Themenheft „Beobachten & Dokumentieren“) ermöglicht es den Fachkräften, Auffälligkeiten wahrzunehmen und frühzeitig mit den Eltern den Austausch zu suchen. Wenn Sorge besteht, dass sich ein Kind z. B. in seiner Fähigkeit, aufmerksam zu sein, in seinem Spielverhalten oder in einzelnen Entwicklungsbereichen deutlich von gleichaltrigen Kindern unterscheidet, sollten sowohl Eltern als auch Fachkräfte rechtzeitig fachlichen Rat einholen. Erster Ansprechpartner für die Eltern ist die Kinderärztin, bei der das Kind von den Früherkennungsuntersuchungen bekannt ist. Diese hat dort vielleicht bereits Auffälligkeiten wahrgenommen.

Heute gibt es Kartoffeln: Beim Nachahmen von Alltagsszenen prägen Kinder sich Handlungen ein

Meilensteine der kognitiven Entwicklung

0 bis 6 Monate

- imitiert unmittelbar und zeitlich versetzt den Gesichtsausdruck Erwachsener
- wiederholt zufällige Verhaltensweisen, was zu vergnüglichen und interessanten Ergebnissen führt (vgl. sensomotorisches Stadium)
- die Aufmerksamkeit wird wirksamer und flexibler (das Kind lernt nicht nur, seine Aufmerksamkeit gezielt auf etwas zu richten, sondern auch sich wieder abzuwenden; es kommt immer häufiger zu vertieften Aufmerksamkeitszuständen – Examination genannt –, die Aufmerksamkeitsspanne wächst kontinuierlich)
- kann sich zunehmend besser an etwas erinnern (insbesondere Wiedererkennen – implizites Gedächtnis)
- bildet Wahrnehmungskategorien, die sich auf ähnlichen Merkmalen von Gegenständen und Personen gründen (z.B. belebt/unbelebt, Mensch/Tier)

7 bis 12 Monate

- kombiniert sensomotorische Schemata (vgl. sensomotorisches Stadium)
- zeigt zielgerichtetes Verhalten
- findet Gegenstände, die an einem Platz versteckt sind
- ahmt zeitlich versetzt Handlungen Erwachsener mithilfe von Gegenständen nach
- Verbesserung der Gedächtnisspanne und Anfänge von aktivem Erinnern (explizites Gedächtnis)
- löst einfache Probleme durch Analogie (z.B. Lösungsstrategien von Bezugspersonen übernehmen und sie auf ähnliche Problemstellungen anwenden)
- gruppiert Reize in zunehmend bedeutungshaltige (komplexere) Kategorien (zunächst auf der Wahrnehmung beruhend, Ähnlichkeit (z.B. runde oder eckige Gegenstände) oder auffällige Merkmale (z.B. Beine von Tieren, Räder von Fahrzeugen); später konzeptionell aufgrund von einander ähnlichen Funktionen oder Verhaltensweisen)

13 bis 18 Monate

- experimentiert mit Gegenständen in der Art von Versuch und Irrtum
- findet Gegenstände, die nacheinander an unterschiedlichen Orten versteckt wurden
- ordnet Gegenstände in Kategorien wie bspw. Größe, Farbe, Form und Funktion
- ahmt Handlungen nach, auch wenn sich der Kontext verändert
- kann seine Aufmerksamkeit länger auf eine Sache richten (weitere Verbesserung der Aufmerksamkeitsspanne)

19 bis 24 Monate

- plötzliches Lösen sensomotorischer Probleme (Koordination von Handlungen ist nicht mehr an tatsächlich ausgeführte Handlungen geknüpft; hat jetzt die Fähigkeit, symbolische Vorstellungen auch für abwesende Personen, Dinge oder Ereignisse zu bilden)
- findet einen Gegenstand, der bewegt wurde, während es nicht zusah
- ahmt zeitlich versetzt die Handlungen von Erwachsenen nach, selbst wenn diese sie nicht vollständig ausgeführt haben
- spielt Als-ob-Spiele
- ordnet Gegenstände auf eine durch erweitertes Wissen über die Welt und auch den wachsenden Wortschatz wirksamere Art in Kategorien (auch aktives Kategorisieren und Sortieren von Gegenständen beim Spielen)
- kann sich noch besser erinnern (weitere Verbesserung der Gedächtnisspanne und des Abrufs aus dem Gedächtnis – Erinnerung an etwas, das nicht präsent ist)

2 bis 3 Jahre

- Als-ob-Spiele sind weniger abhängig von realem Spielzeug, weniger selbstbezogen und komplexer
- kann in einfachen Situationen den Standpunkt anderer übernehmen
- Gedächtnis beim Wiedererkennen gut entwickelt (Erkennen, dass ein aktueller Reiz einem früher erlebten Reiz gleicht oder ähnelt, auch nach längerer Zeitspanne)
- erkennt, dass Denken in seinem Kopf stattfindet und dass auch eine andere Person an eine Sache denken kann, ohne sie zu sehen, anzufassen oder darüber zu sprechen
- beginnt zu zählen

Von Freude und Neugier, Angst und Zorn

Foto: Harald Neumann

Die kindlichen Gefühle entwickeln sich durch Erfahrungen im täglichen Miteinander. Den Umgang mit seinen Gefühlen muss ein Kind erst noch lernen.

von Jeanette Roos

Emotionales Lernen beginnt in den ersten Lebensmomenten und setzt sich während der gesamten Kindheit fort. Emotionen beeinflussen unsere Wahrnehmung und unser Handeln und spielen eine wichtige Rolle in sozialen Interaktionen und Beziehungen im täglichen Umgang miteinander. Emotionen dienen der Anpassung an die Umwelt. Die deutlichsten Schritte der emotionalen Entwicklung vollziehen sich in den ersten Lebensjahren und umfassen im Wesentlichen drei Bereiche, die sich parallel zueinander entwickeln und sich gegenseitig beeinflussen: Emotionsausdruck, Emotionsregulation und Emotionswissen.

1. Wie sich die Emotionen entwickeln

Bereits Säuglinge sind imstande durch Ausdruckszeichen als Bestandteil einer Emotion ihren Bezugspersonen Bedürfnisse kundzutun. Am Beginn der emotionalen Entwicklung drücken Säuglinge aus, ob sie Schmerzen haben, Mangel an etwas empfinden oder ob es ihnen gut geht bzw. sie sich nicht wohlfühlen (Wohlgefühl und Unbehagen). Diese basale emotionale Bewertung wird wenige Monate nach der Geburt stark ausdifferenziert. Dazu trägt u. a. das soziale Spiegeln der Emotionen durch Bezugspersonen bei. Die Ausdifferenzierung dient aber auch dem Aufbau und Erhalt von Bindung zu den Bezugspersonen in Familie und Kindertageseinrichtung. Der Ausdruck beinhaltet nach Holodynski (2006) den gesamten Körperduktus (als Resultat von Körperhaltung und -bewegung): Mimik, Gestik, den vokalen Klang der Stimme, das Blickverhalten und das Verhalten des Säuglings im Raum. Für andere Personen wahrnehmbar befördern Ausdruckssignale einer Emotion die im Säuglingsalter und darüber hinaus notwendige interpersonale Regulation von Emotionen (s. u.) bzw. setzen diese erst in Gang. Sie stellen eine spezifische Form des Kontaktes mit der Umwelt her, verstärken, schwächen, unterbrechen ihn oder zielen darauf ab, dieses zu tun. Bereits bei Neugeborenen kann man fünf (Basis-)Emotionen beobachten: Neugier, endogenes Wohl- und Unbehagen, Erschrecken und Ekel. Weitere Basisemotionen wie Freude, Traurigkeit, Überraschung und Furcht/Angst entstehen erst im Laufe des ersten Lebensjahres. Diese Emotionen kommen über kulturelle Grenzen hinweg vor und werden gleichzeitig auch überall verstanden. Angeborene Programme sind für die Auslösung und Differenzierung einer begrenzten Anzahl diskreter Basisemotionen verantwortlich.

Neugeborene drücken bspw. durch Schreien zunächst nur allgemein Unbehagen aus. Mit etwa zwei Monaten können sie i. d. R. ihr Schreien bereits je nach Anlass variieren, z. B. wenn sie hungrig oder müde sind oder Zuwendung brauchen.

In den ersten Lebenswochen – und auch danach – lassen sich Säuglinge in ihren Empfindungen noch leicht anstecken. Sie passen sich an und reagieren z. B. auf Stress und Nervosität der Mutter oder anderer Bezugspersonen oft selbst unruhig. Ab dem Alter von etwa vier bis sechs Wochen erleben und zeigen Kinder bereits deutlich Freude: Sie schauen lieber in ein fröhliches Gesicht, auch wenn sie den Gesichtsausdruck noch nicht verstehen. Wenn sich pädagogische Fachkräfte, z. B. beim Wickeln oder Spielen, den Kindern zuwenden und mit ihnen sprechen, „antworten" diese, indem sie ein zufriedenes Gesicht zeigen, vielleicht sogar schon lächeln, Mund- und Zungenbewegungen nachahmen, aufgeregt mit den Beinen strampeln und den Armen rudern. Ab etwa drei bis vier Monaten können Kinder vermutlich Empfindungen wie Ärger und Traurigkeit ausdrücken, indem

sie bspw. ihre Augenbrauen zusammenziehen, wenn sie Ärger empfinden. Im Alter von vier bis sechs Monaten lassen sich Kinder von einem fröhlichen oder ärgerlichen Gesicht anstecken und reagieren darauf in gleicher Weise.

Etwa im Alter zwischen sechs und acht Monaten entwickeln Kinder erstmals spezifischere Gefühle, wie Erwachsene sie kennen: Sie empfinden Furcht und beginnen, sich mitunter bei fremden Personen zunehmend unbehaglich zu fühlen. Bei vielen Kindern setzen nun das sog. „Fremdeln" (Angst vor fremden Personen) und die Trennungsangst ein. Beide können von Kind zu Kind unterschiedlich ausgeprägt sein. Angst vor Trennung gehört zu den ersten starken Gefühlen eines Kindes: ein wichtiges Thema in Kindertageseinrichtungen, insbesondere im Rahmen der Eingewöhnung. Die geistigen und emotionalen Fähigkeiten des Kindes sind inzwischen so weit entwickelt, dass es die Trennung von Mutter oder Vater stärker als zuvor erlebt. Gleichzeitig beginnt es mit etwa sieben bis acht Monaten seine ersten Fortbewegungsversuche. Jetzt kann sich das Kind selbstständig von seiner Bezugsperson wegbewegen. Kann es die Distanz zu seinem sicheren Hafen kontrollieren, fühlt es sich sicher. Entfernt sich die Bezugsperson, kann das Trennungsangst auslösen.

Ab etwa neun Monaten erkennen Kinder, worauf Bezugspersonen freudig, ängstlich-warnend oder ärgerlich reagieren. Wenn sie nicht weiterwissen, z. B. bei einem plötzlichen lauten Geräusch, orientieren Kinder sich daran, wie ihre Bezugsperson reagiert (soziales Referenzieren, s. u.): Reagiert die Bezugsperson ängstlich, werden sie dasselbe tun, schaut sie fröhlich, werden sie ebenfalls fröhlich schauen.

Das Schema in Anlehnung an Lewis (s. Abb. S. 27) zeigt, dass die Entwicklung komplexer Emotionen eng mit der kognitiven Entwicklung des

Folgende Übersicht zeigt, wie sich die Emotionen in den ersten Lebensjahren entwickeln (nach Lewis et al. 1989):

Primäre Emotionen

- Freude (ab 4–6 Wochen)
- Furcht / Angst (ab 7–8 Monaten)
- Ärger (ab 2–4 Monaten; zuverlässig ab 7 Monaten)
- Traurigkeit (ab 2–4 Monaten)
- Ekel (ab Geburt)
- Überraschung (ab Geburt; zuverlässig ab 6 Monaten)

Kognitive Fähigkeiten der Selbstreferenz (ab 15–24 Monaten)

Selbstbewusste Emotionen (1)
(ab Ende des 2. Lebensjahres)

- Verlegenheit
- Neid

Kognitiver Erwerb sozialer Normen und Regeln des Verhaltens

Selbstbewusste Emotionen (2)

- Stolz
- Scham
- Schuld

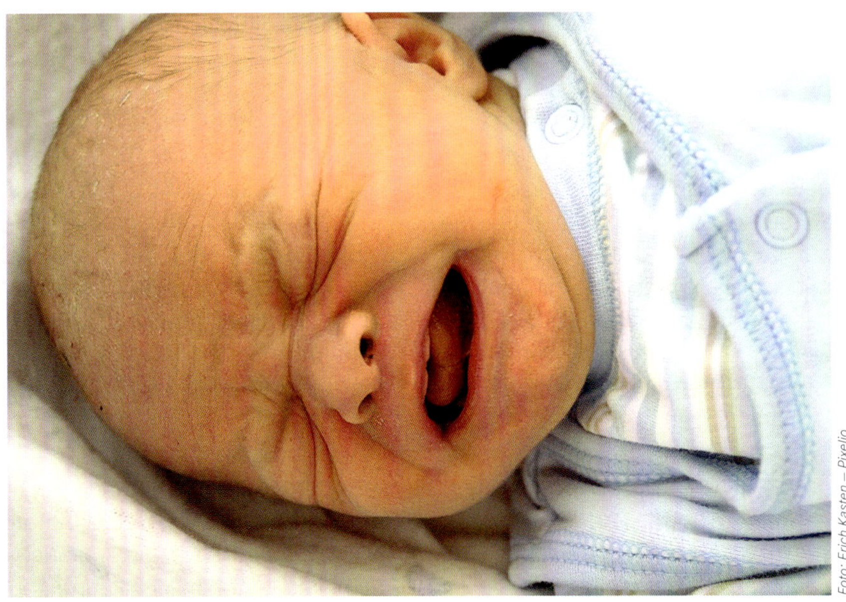
Foto: Erich Kasten – Pixelio

Durch Schreien stellen Neugeborene sicher, dass ihre Bedürfnisse gestillt werden

Foto: Harald Neumann

Vertrauen braucht Zeit: Viele Kinder durchlaufen eine Fremdel-Phase

Kindes verknüpft ist. Erst wenn das Kind bestimmte kognitive Entwicklungsschritte erreicht hat, entwickelt es neue Emotionen. Kognitive Prozesse sind für die Weiterentwicklung der Emotionen notwendig. So müssen sich Kinder zunächst ihrer selbst bewusst werden (Selbstbewusstsein/Selbstreferenz) – ein Bild mit der eigenen Person in Zusammenhang bringen können –, bevor sie Emotionen wie Verlegenheit oder Neid erleben. Das Konzept von sich selbst ist eine Struktur, die selbstbezogenes Wissen enthält. Schließlich spielen auf kognitiver Ebene auch Regeln und soziale Normen, die zunehmend besser verstanden und verinnerlicht werden, eine Rolle. Damit verbunden ist das Erleben von Stolz, Scham und Schuldgefühlen.

2. Emotionsregulation: Gefühle kontrollieren lernen

Luis hat den großen Lastwagen in der Hand, als Emilia ihn auch entdeckt. Luis möchte ihn nicht hergeben, aber Emilia zieht so fest daran, dass Luis loslassen muss und umfällt. Er weint und läuft zu seiner Erzieherin. Sie nimmt ihn kurz tröstend in den Arm, spricht mit ihm und lenkt seine Aufmerksamkeit auf den anderen Lastwagen, der noch in der Ecke steht.

In solchen alltäglichen Situationen stehen Kinder wie Luis vor einer schwierigen Aufgabe. Sie müssen lernen, mit Emotionen wie Wut, Ärger, Angst oder Schmerz umzugehen und diese zu steuern bzw. diese zu regulieren, dafür gibt es einen Fachbegriff: Emotionsregulation. Damit ist die Fähigkeit gemeint, Emotionen in ihrer Qualität, Intensität, Häufigkeit, ihrem Verlauf und Ausdruck nach Maßgabe eines gesetzten Ziels modifizieren (verändern) zu können. Die Emotionsregulation bildet einen grundlegenden Bestandteil der sozialen Kompetenz. Dazu gehören Fähigkeiten und Strategien, die dem Kind helfen, emotionale Erfahrungen sowie Ausdrücke umzulenken und zu kontrollieren, um sich angemessen verhalten zu können (Pauen / Roos 2017).

Wenn sich die ersten starken Gefühle einstellen, ist ein Kleinkind noch nicht in der Lage, selbst damit fertig zu werden. Es kann sich noch nicht oder kaum selbst beruhigen, trösten oder ablenken. Um seine Emotionen regulieren zu können, ist die Unterstützung von Bezugspersonen notwendig, je jünger ein Kind ist, desto mehr. Diese Form der Unterstützung von außen nennt man interpersonale (also zwischen Personen stattfindende) Emotionsregulation. Die pädagogische Fachkraft nimmt die Befindlichkeit des Kindes als dessen aktuelle Emotion sensibel wahr und reagiert entsprechend darauf, z.B. durch Wiegen, Singen, Kuscheln oder durch Befriedigung eines anderen Bedürfnisses. So hilft sie dem Kind, seine Emotionen zu kontrollieren, sich zu beruhigen oder diese umzulenken. Bis zum ersten Geburtstag erweitert sich das Repertoire an Regulationsstrategien. Hierbei spielen die motorische Entwicklung (zweite Hälfte des ersten Lebensjahres), insbesondere die Möglichkeit, sich selbst fortbewegen zu können (und dadurch die Möglichkeit, selbst Orte und Situationen aufzusuchen oder diese zu verlassen, sowie das Beschaffen von Dingen), und das soziale Referenzieren (sich an Bezugspersonen und deren Befindlichkeit, insbesondere über den Gesichtsausdruck, zu orientieren, wenn Situationen unvertraut sind oder Unsicherheit erzeugen) eine maßgebliche Rolle. Ab Mitte des zweiten Lebensjahres spielt für die Emotionsregulation vor allen Dingen auch der sich rasch vollziehende Spracherwerb eine wichtige Rolle. Er führt zu einer Zunahme an Äußerungen bezüglich des emotionalen Erlebens, der eigenen emotionalen Befindlichkeit sowie der zunehmenden Benennung von Ursachen und Folgen von Gefühlen. Gespräche mit

Die Autonomie- oder Trotzphase

Im zweiten Lebensjahr werden die Gefühle vielfältiger und differenzierter. Das Kind möchte nun immer mehr selbst machen und sammelt so mit jedem Tag neue wichtige Erfahrungen – auch betrübliche, denn nicht immer klappt alles so wie beabsichtigt. Frustration entsteht und so mancher lautstarke Protest und Tränen der Enttäuschung sind hier vorprogrammiert. Doch auch wenn es schwerfällt, Kinder so zu sehen: Mit Enttäuschungen umzugehen und sich nicht unterkriegen zu lassen, gehört zu den wichtigen Lernerfahrungen.

Spannungsfeld

Gegen Ende des zweiten Lebensjahres begreifen sich Kinder zunehmend als eigenständige Personen. Sie sind hin- und hergerissen zwischen dem Wunsch nach Eigenständigkeit und einem nach wie vor großen Schutzbedürfnis. Sie möchten vieles selbst tun, erleben dabei aber immer wieder Grenzen – auch die von Fachkräften oder Eltern gesetzten. Gleichzeitig ist ihnen immer bewusster, was sie tun. Sie können sich zunehmend das Ergebnis und Ziel ihres Handelns vorstellen und sind vielleicht umso enttäuschter und verzweifelter, wenn ihnen etwas misslingt oder verwehrt wird. Diese Spannungen zwischen Eigenständigkeit und Bedürftigkeit, Vorstellungskraft und Misslingen sind manchmal so groß, dass sich die aufkommenden Emotionen nicht regulieren lassen. Das Kind erlebt einen heftigen Gefühlsausbruch. Es ist in der Autonomiephase bzw. Trotzphase angekommen.

Emotionen pur

Vor allem im dritten Lebensjahr kann es zu heftigen Gefühlsausbrüchen kommen, bei denen Kinder ihre Gefühle ungehemmt und mitunter sehr temperamentvoll und lautstark zum Ausdruck bringen. Diesen bisweilen extremen Gefühlsschwankungen zwischen Sicherheit und Unsicherheit, Unabhängigkeit und Abhängigkeit, Erfolg und Misserfolg sind Kleinkinder zunächst noch weitgehend ausgeliefert. Wie sie mit diesen oft heftigen und widerstreitenden Gefühlen umgehen können, lernen sie nur mit Unterstützung. Sie benötigen Orientierungshilfen. Hierzu gehört auch die Erfahrung, dass der Art und Weise, wie sie ihre Gefühle ausdrücken, Grenzen gesetzt sind. Dies ist etwa der Fall, wenn ein Kind sich selbst oder andere zu verletzen droht oder Gegenstände zerstört. Für Bezugspersonen ist es nicht einfach, bei starken Gefühlsausbrüchen von Kindern immer die notwendige Gelassenheit zu zeigen. Doch oft ist sie das Einzige, was in der akuten Situation hilft. Auch mit dem Kind durch räumliche Nähe in Kontakt zu sein, ist hilfreich. Dabei ist zu beachten, dass Kinder auch Zeit brauchen, sich selbst zu beruhigen.

Foto: Harald Neumann

Ermuntern Sie die Kinder, ihre Gefühle zu zeigen

pädagogischen Fachkräften über Gefühle fördern darüber hinaus die affektive Perspektivenübernahme (sich in andere hineinversetzen, die Emotionen anderer verstehen können). Aus der interpersonalen Emotionsregulation, die überwiegend von den Bezugspersonen initiiert wird, entwickelt das Kind im Laufe des zweiten Lebensjahres mehr und mehr eine selbstständigere Emotionsregulation. Zunächst in der Weise, dass es von sich aus aktiv die Regulationsunterstützung der Bezugspersonen einfordert. Zunehmend wird es dann fähig, ohne soziale Unterstützung mit seinen Emotionen zurechtzukommen, sich abzulenken, selbst zu trösten usw. (z. B. ein anderes Spielzeug suchen, mit einem Kuscheltier schmusen). Das nennt man dann intrapersonale (innerhalb des Kindes stattfindende) Emotionsregulation.

Wichtig ist es, diese Versuche aus angemessener Entfernung zu begleiten und bei Bedarf doch Unterstützung zu geben. So lernen Kinder nach und nach, wie sie sich in unbehaglichen Momenten auch selbst zur Ruhe bringen, aufmuntern oder ablenken können.

Emotionswissen

Emotionswissen umfasst Wissen über Ausdrucksverhalten, Hinweise (Indikatoren) auf emotionales Erleben und Auslöser von Emotionen. Erst im Schulalter kann dieses Wissen sprachlich beschrieben werden (semantisches Wissen). Das Wissen um Auslöser von Emotionen beeinflusst, wie Kinder Verhaltensweisen interpretieren und die eigenen Emotionen regulieren. Kinder lernen relativ früh, Emotionsauslöser zu erkennen. Bereits mit drei Jahren können sie mehrheitlich Situationen, die Freude auslösen, korrekt einschätzen. Allerdings haben Kinder bis in das Schulalter hinein Schwierigkeiten in Bezug auf negative Emotionen. Emotionen wie Angst, Überraschung und Ekel erkennen sie mit der Zeit ganz gut, schwerer fällt ihnen das Erkennen von Ärger und Trauer. Erst im Schulalter sind Kinder in der Lage, dieses Wissen sprachlich zu beschreiben, z. B. warum sie sich über einen Freund/eine Freundin geärgert haben und woran sie das merken konnten.

Fotos: Harald Neumann

Zusammen lachen: Die Erzieherin spiegelt die Emotionen des Mädchens

3. Die emotionale Entwicklung unterstützen

Responsives Verhalten der pädagogischen Fachkräfte kann die emotionale Entwicklung der Kinder unterstützen – insbesondere während der Phase der interpersonalen Emotionsregulation. Professionelle Responsivität in der Fachkraft-Kind-Interaktion wird definiert als der reflexive und kultursensitive Einsatz der intuitiv-didaktischen Verhaltensweisen. Die responsive Fachkraft zeigt ein hohes Maß an Wärme, Humor und Freundlichkeit. Sie spiegelt u. a. auch den kindlichen Emotionsausdruck (Mimik und Körperhaltung) und setzt z. B. musikalische Miniaturen (Musikmalerei, etwa Summen einer Melodie) und einfache Lieder ein, um die emotionale Spannungslage des Kleinkinds zu regulieren. Singen eignet sich zur Spannungsmodulation, zur Abfederung von Stress. Für die unterschiedlichen Situationen in der Krippe muss ein spezialisiertes Fachwissen, u. a. entwicklungspsychologisches Grundlagenwissen, vorhanden sein, um sich in professioneller Art und Weise auf das kindliche Gegenüber abstimmen zu können. Das Antwortverhalten von Fachkräften bezieht sich zudem auch im Kontext von Emotionen auf Kinder mit unterschiedlichen kulturellen oder subkulturellen Hintergründen, mit Behinderungen, mit unterschiedlichem Entwicklungsniveau und auf Kinder unterschiedlichen Geschlechts. Mit zunehmender Sprachfertigkeit wird

dann die sprachliche Begleitung von Emotionen durch Fachkräfte immer wichtiger: Emotionen benennen, mit dem Kind über seine und die eigenen Gefühle sprechen (s. u. Alltagstipps).

Hilfreiche Tipps für den Alltag

Kleinkinder brauchen Unterstützung, um zu lernen, wie sie ihre Emotionen regulieren und ausdrücken können:

- Gehen Sie mit gutem Beispiel voran und gehen Sie möglichst offen mit Gefühlen um: Geben Sie als Bezugsperson Ihren Gefühlen und Gefühlsäußerungen Raum und sprechen Sie offen darüber.
- Ermuntern Sie die Kinder, ihre Gefühle zu zeigen und auszusprechen, und tun Sie umgekehrt dasselbe: Sagen Sie, wenn Sie sich z. B. über ein Bild freuen, oder über ein bestimmtes Verhalten ärgern.
- Zeigen Sie den Kindern, dass Sie ihre Gefühle ernst nehmen – auch wenn Sie diese nicht nachvollziehen können. Egal, welche Gefühle Kinder zeigen: Lachen Sie nicht über die Gefühle der Kinder, das ist verletzend.
- Wenn Kinder sehr traurig oder wütend sind, versuchen Sie, durch konkretes Nachfragen herauszufinden, was die Ursache ist und was das Kind gerade bewegt (z. B. „Was macht dich traurig?", „Weshalb bist du wütend?").
- Fassen Sie in Worte, was das Kind gegebenenfalls noch nicht selbst ausdrücken kann, z. B. „Joram hat dir deine Mütze weggenommen. Das macht dich wütend? Komm, wir sagen ihm das und holen sie wieder." So fühlt sich das Kind verstanden und lernt Stück für Stück, seine Emotionen selbst zu regulieren.
- Sprechen Sie mit den Kindern darüber, wie sie insbesondere mit Gefühlen wie Ärger, Eifersucht, Enttäuschung oder Angst umgehen können. Versuchen Sie, Vor- und Nachteile verschiedener Lösungen durchzusprechen.
- Vermeiden Sie Aussagen wie „Reiß dich doch zusammen!" oder „Sei keine Heulsuse!". Wenn ein Kind z. B. sehr weinerlich ist, versuchen Sie, das Weinen des Kindes zu ignorieren, bis es sich selbst reguliert hat, oder es zu trösten und es abzulenken.
- Wutanfälle und andere starke Gefühle können bei pädagogischen Fachkräften selbst ähnliche Gefühle hervorrufen. Sie sollten unbedingt gelassen und gefasst bleiben. Ist das nicht möglich, bitten Sie eine Kollegin / einen Kollegen, Sie kurz zu vertreten. Verlassen Sie den Raum, um durchzuatmen und die Fassung zurückzugewinnen.

Gefühle ernst nehmen und darauf eingehen

Tipp:

Im „Kleinstkinder"-Themenheft „Sozial-emotionale Entwicklung" finden Sie weitere vertiefende Texte und Anregungen für die Praxis zu diesem Thema! Erhältlich als PDF für 7,95 € unter: www.herder.de

Auf dem Weg zum Miteinander

Foto: Harald Neumann

Beziehungen zu anderen Menschen aufbauen, sich in Gruppen zurechtfinden, sich behaupten und Rücksicht nehmen – all dies müssen Kinder lernen. Der erste Schritt dahin: sich selbst wahrnehmen.

von Jeanette Roos

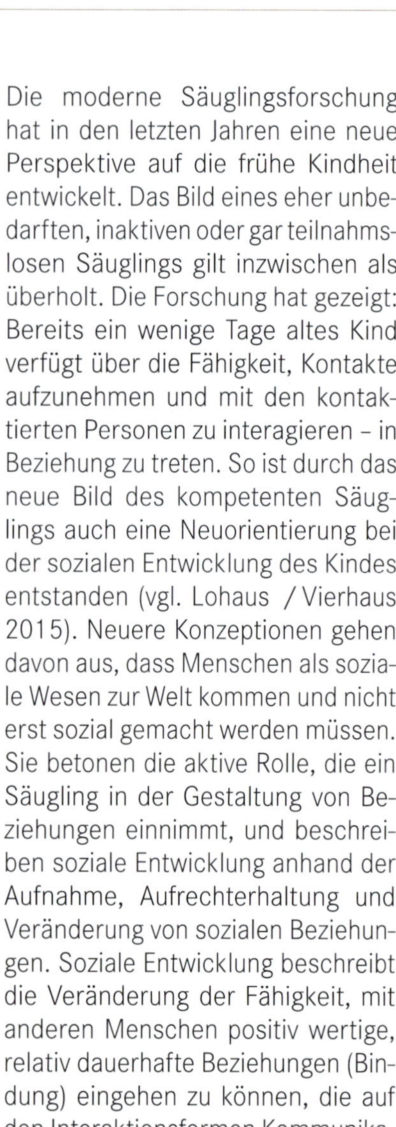

Die moderne Säuglingsforschung hat in den letzten Jahren eine neue Perspektive auf die frühe Kindheit entwickelt. Das Bild eines eher unbedarften, inaktiven oder gar teilnahmslosen Säuglings gilt inzwischen als überholt. Die Forschung hat gezeigt: Bereits ein wenige Tage altes Kind verfügt über die Fähigkeit, Kontakte aufzunehmen und mit den kontaktierten Personen zu interagieren – in Beziehung zu treten. So ist durch das neue Bild des kompetenten Säuglings auch eine Neuorientierung bei der sozialen Entwicklung des Kindes entstanden (vgl. Lohaus / Vierhaus 2015). Neuere Konzeptionen gehen davon aus, dass Menschen als soziale Wesen zur Welt kommen und nicht erst sozial gemacht werden müssen. Sie betonen die aktive Rolle, die ein Säugling in der Gestaltung von Beziehungen einnimmt, und beschreiben soziale Entwicklung anhand der Aufnahme, Aufrechterhaltung und Veränderung von sozialen Beziehungen. Soziale Entwicklung beschreibt die Veränderung der Fähigkeit, mit anderen Menschen positiv wertige, relativ dauerhafte Beziehungen (Bindung) eingehen zu können, die auf den Interaktionsformen Kommunikation und Kooperation beruhen, aber auch Verhalten und Erleben in negativ valenten sozialen Beziehungen wie Feindschaft (Feindseligkeit) und Aggression. Die Entwicklung sozialer Kognitionen ist dafür Voraussetzung und Folge.

1. Bindung ist das A und O

Heute geht man von multiplen Bindungsmöglichkeiten aus, die anders als früher neben der Mutter-Kind-Bindung vor allem auch die Bindung zum Vater und anderen Bezugspersonen berücksichtigen. Auch weitere Personen, z. B. Großeltern oder pädagogische Fachkräfte in Kitas und Tagespflege, können zu wichtigen Bezugspersonen werden, bei denen ein Kind Schutz und Geborgenheit sucht (vgl. Ahnert 2014).

Bindung bezeichnet nach Ainsworth ein Verhaltenssystem, das dafür sorgt, dass die Hauptbezugsperson beim Kind bleibt und ihm dadurch Schutz und Lernhilfe geben kann. Die Sicherheit, welche die Anwesenheit der Bindungsperson vermittelt, ist Voraussetzung für das Explorationsverhalten des Kindes. Von Natur aus ist ein Kind mit bestimmten Verhaltensweisen ausgestattet, durch die es die Nähe zu Mutter, Vater oder anderen Bezugspersonen sichern kann: Weinen, Anklammern, Nachfolgen und später Rufen gehören zum typischen Bindungsverhalten. In bedrohlichen oder ihnen unbekannten Situationen wollen Kinder hierdurch die Nähe zu ihren Bezugspersonen sicherstellen. Feinfühlige Bezugspersonen verstehen diese Signale in der Regel und „beantworten" sie richtig: Sie wenden sich dem Kind zu, trösten es, nehmen es auf den Arm, beruhigen es. Wie sicher sich ein Kind zunächst in der Bindung zu Mutter und Vater fühlt, hängt vor allem von seinen „Bindungserfahrungen" ab: Je mehr ein Kind erfährt, dass es sich auf Nähe und Fürsorge der engeren Bezugspersonen verlassen kann, umso sicherer fühlt es sich in diesen Beziehungen. Wenn Kinder gleichzeitig zu altersgemäßen Entdeckungen und Beschäftigungen ermutigt (nicht gedrängt) werden, entwickeln sie allmählich auch ein Gefühl von Selbstbestimmung und Tüchtigkeit (Selbstwirksamkeit).

Die Bindungstypen

Es werden je nach Qualität der Bindung vier Bindungstypen unterschieden (A bis C nach Ainsworth, D später ergänzt), je nachdem wie sich Kinder verhalten, nachdem sie vorübergehend von ihrer Bezugsperson getrennt wurden:

- Kinder, die sicher an ihre Bezugsperson gebunden sind (B-Kin-

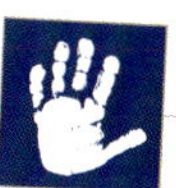

der): Sie zeigen sich entspannt. Ihr Aktionsradius vergrößert sich laufend, sie können ihre Bindungsfigur als sichere Basis nutzen, um fremde Umgebungen zu erforschen. Negative Gefühle bei einer Trennung führen zu Bindungsverhalten, das eine positive Lösung, Trost und Beendigung des Leidens verspricht.

- Kinder, die unsicher gebunden sind (A-Kinder): Die Kommunikation zwischen Mutter und Kind ist nicht verlässlich. Die Mutter ist emotional nicht genügend verfügbar und verhält sich häufig dem Kind gegenüber ablehnend. Das Kind hat keine sichere Basis und entwickelt eine vermeidende Bindung, indem es sich auf das Verhalten der Mutter einstellt und die emotionale Verbindung meidet. Durch die chronische Aktivierung ihres Bindungssystems ist das Erkundungsverhalten dieser Kinder stark eingeschränkt. Bei einer Trennung ist eine Integration negativer Gefühle in eine positive Erwartungshaltung nicht möglich. Das Risiko einer negativen Gefühlsäußerung wird durch Vermeidung minimiert.
- Kinder, die unsicher-ambivalent gebunden sind (C-Kinder): Beim ängstlich-ambivalenten Modell ist die Bindungsperson als nicht berechenbar abgebildet. Durch die inkonstante Verfügbarkeit wissen die Kinder nicht, was sie erwarten sollen. Das Kleinkind sucht aufgrund bisheriger Erfahrungen die Bindungsperson schon vor einer Trennung. Dadurch ist das Bindungssystem chronisch aktiviert, was das Erkundungsverhalten einschränkt. Eine Trennung belastet das Kind stark, es verhält sich widersprüchlich (ambivalent): Es sucht einerseits Nähe, ist aber auch wütend und ärgerlich auf die Bindungsperson.
- Kinder, die Anzeichen von Desorganisation und Desorientierung zeigen (D-Kinder): Ihre Bezugspersonen verhalten sich beängstigend, verwirrend, beunruhigend, chaotisch. Die Möglichkeit der Pflege, vor allem ihre Funktion als feinfühlige Bindungsperson, steht ihnen nur eingeschränkt zur Verfügung. Entsprechend beginnen diese Babys häufig zu weinen und entwickeln kaum einen Schlafrhythmus – oder sie verhalten sich still und ruhig. Als Kleinkinder sind sie längere Zeit nicht in der Lage, eine klare Bindungsstrategie zu entwickeln.

Foto: wronge57 – Photocase

Auch Großeltern können wichtige Bezugspersonen für Kleinkinder sein

Die Entwicklung der Bindungsbeziehung

Bindung entwickelt sich aus der wechselseitigen Beziehung zwischen dem Kind und seinen nahen Bezugspersonen. Nachfolgend sind einige Anhaltspunkte beschrieben, wie sich diese in den ersten Lebensjahren entwickelt:

Erste Lebenswochen und -monate

- Kinder werden mit Mutter und / oder Vater (in Ausnahmefällen anderen Personen) vertraut. Sie lernen zunächst enge familiäre Bezugspersonen als diejenigen kennen, die auf Signale reagieren und unterschiedliche Bedürfnisse befriedigen.
- Sicherheit und Geborgenheit erfahren Kinder in diesem Alter vor allem im engen Körperkontakt. An das Getrenntsein vom Körper der Mutter / des Vaters müssen sie sich erst allmählich gewöhnen.

Ab ca. drei Monaten

- Kinder können ihre engen Bezugspersonen von anderen Personen deutlich unterscheiden. Sie wenden sich mit ihren Bedürfnissen

Foto: Redaktion

Schon sehr junge Säuglinge können durch ihr Blickverhalten und durch Laute Interesse bekunden

gezielt an ihre Bezugspersonen.

- Kinder können sich bereits deutlicher mitteilen; für das Gefühl von Nähe sind sie nicht mehr ausschließlich auf engeren Körperkontakt angewiesen.

Ab ca. sieben Monaten

- Die meisten Kinder beginnen nun mit ihren ersten Versuchen, sich selbstständig fortzubewegen. Die geistigen und emotionalen Fähigkeiten sind inzwischen so weit entwickelt, dass Kinder stärker als zuvor die Trennung von Mutter / Vater oder anderen engen Bezugspersonen erleben.
- Kinder sind, wenn sie sich zum Explorieren entfernen, Neues ausprobieren oder ihre Umgebung entdecken, auf Rückversicherung angewiesen. Ihr ganzes Bindungsverhalten (Weinen, Anklammern) ist nun darauf ausgerichtet, die Nähe zu ihren Bezugspersonen sicherzustellen.
- Die Beziehung zu Mutter und Vater entwickelt sich zunehmend zu einer fortdauernden gefühlsmäßigen Bindung, die sich in den Folgejahren weiter festigt.

Mit zunehmendem Alter ist das Kind schließlich nicht mehr ständig auf die Anwesenheit seiner Bezugspersonen angewiesen, um sich sicher zu fühlen. Das Kleinkind ist immer mehr in der Lage, selbstständig die Nähe vertrauter Personen aufzusuchen und sich auch wieder zu entfernen, wenn es auf Entdeckungsreise geht: Es hat seine „sichere Basis" verinnerlicht und kann bei Bedarf darauf zurückgreifen.

2. Selbstwahrnehmung und Ich-Entwicklung

Erst nach und nach empfindet sich ein Kind als eigenständige Person und entwickelt schließlich eine erste Vorstellung von sich selbst. *In den ersten Lebenswochen*, in denen i. d. R. Eltern (ggf. Geschwister) und Neugeborene miteinander vertraut werden und sich gegenseitig kennenlernen, empfindet sich der Säugling zunächst noch völlig eins mit seinen engsten Bezugspersonen. Gleichzeitig machen Säuglinge im täglichen Miteinander und Austausch die Erfahrung, dass sie mit ihrem Verhalten etwas bewirken können: Wenn sie hungrig sind und schreien, wird ihr Hunger gestillt. Wenn sie jemanden anlächeln, lächelt diese Person zurück und beschäftigt sich mit ihnen. Wenn sie interessiert nach einem Spielzeug schauen, erhalten sie es in der Regel. Diese „Antworten" sind für Kinder gleichsam ein Spiegel, in dem sie ihr eigenes Verhalten gespiegelt sehen. Hierdurch sind sie immer mehr in der Lage, sich selbst zu empfinden. *Mit etwa zwei, drei Monaten* beginnen sie, ihren Körper als etwas Eigenes, von den Bezugspersonen Getrenntes zu erleben. So entwickeln Kinder allmählich eine

Vorstellung von sich selbst und in den folgenden Monaten prägt sich das körperliche Selbstgefühl immer stärker aus. Kinder begreifen sich zunehmend als eigenständige Person, die etwas bewirken und selbst machen kann.

Bereits *mit Beginn des zweiten Lebensjahres* entwickeln Kinder ihren eigenen Willen und erfahren so auch Grenzen, wenn sie Dinge tun, die nicht gewünscht oder möglich sind. In diesen Situationen kann es zu ersten Tränen der Enttäuschung kommen. *Ab Anfang / Mitte des zweiten Lebensjahres* erkennen sich Kinder erstmals im Spiegel. Sie wissen jetzt: Das bin ich! Rund um ihren zweiten Geburtstag beginnen die meisten Kinder ihren eigenen Namen zu nennen und erst im dritten Lebensjahr sprechen sie schließlich in Ich-Form von sich selbst (vgl. Largo 2016).

Für Kinder ist die Entdeckung ihres Ichs eine überwältigende Erfahrung:

- Sie erfahren nun, dass sie etwas wollen und sich zwischen verschiedenen Möglichkeiten entscheiden können.
- Sie wissen inzwischen, dass sie etwas eigenständig tun können. Das möchten sie ausprobieren, auch wenn es allein noch nicht klappt. So großartig die neue Erfahrung ist, so zwiespältig und heftig können auch die Gefühle sein, denen Kinder hierdurch hin und wieder ausgesetzt sind. Allein können sie sie noch nicht bewältigen und kontrollieren (s. S. 28 Emotionsregulation und S. 29 Autonomiephase). Hieraus können konfliktreiche Situationen entstehen, die für Kinder wie auch für Bezugspersonen nicht immer leicht sind: Kinder brauchen nun besonders das Lob und die Ermutigung der Fachkraft, um üben und sich ausprobieren zu können. Ebenso wichtig ist es allerdings, Routinen und klare Strukturen beizubehalten, Grenzen zu setzen und Regeln festzulegen. Grenzen und Regeln bedeuten nicht nur Einschränkung, sondern bieten Kindern – je älter sie werden – auch Halt und Orientierung. Sie suchen ihre Grenzen, und dazu brauchen sie Freiraum, ein klares Ja ebenso wie ein freundliches, aber entschiedenes Nein.

3. Die soziale Entwicklung

Beziehungen zu anderen Menschen aufbauen, sich in Gruppen zurechtfinden, sich behaupten und Rücksicht nehmen – all dies müssen Kinder erst lernen. Schon Babys suchen das Miteinander. Von Geburt an besitzen sie bestimmte Fähigkeiten, um eine Beziehung zu anderen Menschen aufzubauen:

Von Geburt an nehmen Kinder bspw. ihre Umwelt mit allen Sinnen wahr (Sensomotorik) und reagieren darauf. Sie zeigen eine besondere Vorliebe für menschliche Stimmen und das menschliche Gesicht. Sie können durch Körperhaltung, Gesichtsausdruck, Blickverhalten und schließlich auch durch Laute ihre Bedürfnisse, Befindlichkeit, ihr Interesse oder auch Desinteresse an etwas mitteilen.

Das beginnende Selbstempfinden *ab etwa zwei, drei Monaten* sowie weitere mittlerweile herangereifte Fähigkeiten – bspw. zunehmende Kopfkontrolle, schärferes Sehen – wirken sich auf das Miteinander aus: Kinder laden nun mit ihrem ersten Lächeln dazu ein, sich mit ihnen zu beschäftigen. Inzwischen können sie – je nach Ursache ihres Unbehagens – ganz unterschiedlich schreien und damit deutlich mitteilen, ob sie Hunger haben, müde sind oder von Langeweile geplagt. Mit Blicken, Mimik, Lauten und Gesten teilen sie sich immer deutlicher mit und kommunizieren. Wenn Bezugspersonen antworten, zeigen Kinder sichtlich Freude. Sie sind nicht mehr in dem Maße wie zuvor auf den engen körperlichen Kontakt angewiesen, um Nähe zu erfahren, und interessieren sich zunehmend für ihre Umgebung.

Mit etwa sechs Monaten beginnen Kinder i. d. R., auf den Gesichtsausdruck ihres Gegenübers zu achten, und lächeln allmählich nur noch freundliche Gesichter an. In den nächsten Monaten fühlen sich manche Kinder Fremden gegenüber zunehmend unbehaglich. Bei ihnen setzt nun – wenn auch in ganz unterschiedlicher Stärke – das sog. Fremdeln ein. Doch trotz des Fremdelns

Foto: SportMoments – Fotolia

Tränen der Enttäuschung: Mit der Entdeckung ihres eigenen Willens stoßen Kinder auch an Grenzen

hat das Kind zum Ende seines ersten Lebensjahres vermutlich gelernt, von sich aus Kontakt zu anderen Menschen aufzunehmen. Fremden Personen begegnet es dabei aber meist noch mit Zurückhaltung.

Im Verlauf des zweiten Lebensjahres zeigen Kinder mehr und mehr Interesse am Spiel der anderen Kinder. I. d. R. beginnen sie damit, nebeneinanderher zu spielen und im Spiel andere Kinder nachzuahmen (sog. Parallelspiel). Die Tätigkeiten anderer Kinder sind oft leichter nachzuvollziehen als die der Erwachsenen, weshalb sie häufig imitiert werden. Kinder nehmen gezielt Kontakt zu anderen (auch fremden) Kindern auf, winken ihnen zu oder laufen ihnen hinterher.

Im Verlauf des dritten Lebensjahres beginnen Kinder sich mehr und mehr dafür zu interessieren, was Menschen zu einem bestimmten Verhalten bewegt. Sie möchten jetzt wissen: „Warum weint das Kind?" Kinder sind nun in der Lage, zu Personen außerhalb der Familie bzw. Bezugspersonen Beziehungen aufzunehmen, auch wenn sie für die Kontaktaufnahme zunächst noch auf Unterstützung angewiesen sind. Mit etwa drei Jahren sind Kinder jedoch meist imstande, selbstständig Kontakt zu anderen zu knüpfen. Sie können nun bereits erste, wenn auch oft noch recht kurzlebige Freundschaften schließen.

Der Kontakt mit Gleichaltrigen ...

Schon Säuglinge sind fasziniert von anderen Kindern. Je älter Kinder werden, umso wichtiger wird das Spielen mit Gleichaltrigen: Kinder können hierbei den Umgang miteinander lernen und die Regeln ausprobieren. Ein- oder zweijährige Kinder spielen noch nicht gemeinsam, wie ältere Kinder das etwa in Rollenspielen tun. Mit ein bis zwei Jahren spielen sie nebeneinanderher, behalten sich dabei aber gegenseitig aufmerksam im Auge. In Kindertageseinrichtungen und auf dem Spielplatz verfolgen sie die Aktivitäten anderer Kinder sehr genau und versuchen das, was ihnen besonders interessant erscheint, in ihrer Beschäftigung nachzuahmen.

... und der Umgang mit Konflikten

Gegen Ende des zweiten Lebensjahres machen Kinder die Entdeckung ihres Selbst (s. o.), können sich aber noch nicht in andere hineinversetzen: Das Kind kennt nur seine eigenen Wünsche und kann es sich nicht vorstellen, dass bspw. ein anderes

Foto: Harald Neumann

Auf ersten Entdeckungsrunden im Raum behalten die Kleinsten ihre Bezugsperson immer fest im Blick

Alter	Meilensteine
0 bis 6 Monate	• zeigt sog. Basisemotionen (Neugier, Wohl- und Unbehagen, Erschrecken und Ekel) • soziales Lächeln und Lachen erscheinen • passt sich emotionalem Ausdruck Erwachsener im Sichtkontakt an • emotionaler Ausdruck ist besser organisiert und deutlich auf soziale Ereignisse bezogen.
7 bis 12 Monate	• Wut und Angst nehmen an Häufigkeit und Intensität zu • Angst vor Fremden und vor Trennungen tritt auf • erste Entdeckungen, Bezugspersonen dienen als sichere Basis • zeigt eindeutige Bindung an vertraute Bezugspersonen • kann die Bedeutung des emotionalen Ausdrucks anderer zunehmend besser verstehen • zeigt soziale Bezugnahme, d. h., das Kind sucht den Blickkontakt zu seiner Bezugsperson, um sich rückzuversichern und ggf. deren emotionale Zustimmung zu erhalten
13 bis 18 Monate	• beteiligt sich am Spiel mit Eltern, Geschwistern und Gleichaltrigen • Ich-Funktion setzt ein, erkennt sich z. B. selbst im Spiegel • zeigt Anzeichen von Einfühlung • befolgt einfache Aufforderungen
19 bis 24 Monate	• selbstbezogene Emotionen treten auf (Scham, Verlegenheit, Schuld und Stolz) • erwirbt emotionale Begriffe • beginnt, Sprache als Hilfe zur emotionalen Selbstregulierung zu benutzen • fängt an, Abwesenheit von Betreuungspersonen eher zu tolerieren • verwendet den eigenen Namen oder persönliches Fürwort, um sich selbst zu benennen • kategorisiert sich und andere auf der Grundlage von Alter, Geschlecht, körperlichen Merkmalen und Gut- oder Bösesein • zeigt geschlechtsspezifische Vorlieben beim Spielzeug
2 bis 3 Jahre	• beginnt, ein Selbstkonzept zu entwickeln (erste Vorstellungen über das eigene Ich) • Kooperation erscheint vereinzelt • versteht Gründe, Folgen und Ausdruckserscheinungen von grundlegenden Gefühlen • Einfühlungsvermögen nimmt zu • geschlechtsstereotype Annahmen und Verhaltensweisen nehmen zu

Kind traurig ist, weil es dessen Spielzeug weggenommen hat.

In Kitas und Tagespflege müssen Kinder ihren Platz in der Gruppe finden. Sie lernen, mit anderen Kindern zurechtzukommen, zu teilen, ihre Wünsche zurückzustellen und Regeln zu befolgen – auch im Streit. Im gemeinsamen Spiel kann es noch vorkommen, dass jedes Kind beharrlich an seinen eigenen Spielregeln festhält, auch wenn es vielleicht aufgefordert wird, diese anzupassen, damit z. B. ein jüngeres Kind mitspielen kann. Erst mit zunehmendem Alter spielen Kinder immer öfter auch in größeren Gruppen miteinander. Im Spiel mit Gleichaltrigen erproben Kinder soziales Verhalten, lernen die Folgen ihrer Handlungen kennen und machen eigenständig – ohne die Vermittlung durch Erwachsene – ihre Erfahrungen. Die Fähigkeit, gemeinsam zu spielen, Regeln zu befolgen und Konflikte auszutragen, müssen Kinder dabei allerdings erst lernen. So manches Spiel mit Gleichaltrigen findet deshalb durch Schubsen und Schlagen ein jähes Ende. Zur Aushandlung eines Konflikts fehlt Kindern unter drei Jahren nicht nur die kognitive Fähigkeit, sich in eine andere Person hineinversetzen zu können; sie sind lange Zeit auch sprachlich nicht fähig zu verhandeln. Deswegen brauchen Kinder in den ersten Lebensjahren in Konfliktsituationen eine besonders sensible und aufmerksame Begleitung sowie Rollenvorbilder, die einen adäquaten Umgang mit Konflikten vorleben. Das können sowohl ältere Kinder als auch Eltern und Fachkräfte sein.

4. Kennzeichen einer guten Beziehung zwischen Pädagogin und Kind

Fachkraft-Kind-Beziehungen weisen im Vergleich mit Eltern-Kind-Beziehungen eine Reihe von Besonderheiten auf. Während die elterliche Aufmerksamkeit häufig eher ungeteilt beim Kind ist, muss die pädagogische Fachkraft in Kita und Tagespflege eine Gruppe von Kindern regulieren, innerhalb derer sich individuelle Beziehungen zu den einzelnen Kindern entwickeln. Die besondere Bindung zwischen Eltern und Kindern ist nicht eins zu eins übertragbar auf die Beziehung zwischen Fachkräften und Kindern, hat aber durchaus Eigenschaften, die bindungsähnlich sind (Pauen / Roos 2017). Fünf Merkmale kennzeichnen in Anlehnung an Ahnert (2007) eine gute Beziehung zwischen Fachkräften und Kindern:

- *Emotionale Zuwendung:* Dieses Merkmal bezieht sich darauf, wie sich die Fachkraft dem Kind zuwendet. Eine feinfühlige und liebevolle Kommunikation der Fachkraft mit dem Kind unterstützt den Aufbau einer guten Beziehung.
- *Sicherheit:* Eine gute Beziehung kann sich entwickeln, wenn die Fachkraft dem Kind Sicherheit vermittelt und in Angst- oder Stresssituationen für das Kind verfügbar ist.
- *Stressreduktion:* Wenn Kinder sich wehtun, negative Emotionen oder starken Stress empfinden, können Fachkräfte dem Kind dabei helfen, seine Emotionen oder seinen Stress zu regulieren und wieder ins Gleichgewicht zu kommen.
- *Explorationsunterstützung:* Kinder brauchen eine Fachkraft, die sie ermutigt, ihre Umgebung zu erkunden, in Interaktion mit anderen Kindern zu treten, zu spielen und zu lernen.
- *Assistenz:* Kinder unter drei Jahren brauchen bei vielen Aufgaben die Unterstützung der Fachkraft. Wichtig ist hierbei, dem Kind genügend Platz zur Entwicklung seiner Selbstständigkeit zu lassen und nicht vorschnell einzugreifen, ihm aber bei zu schwierigen Aufgaben entwicklungsgemäß zu helfen (ggf. auch Fördermaßnahmen einzuleiten, wenn dies erforderlich ist). Ideal ist das sog. ko-konstruktive Vorgehen. Ko-Konstruktion bedeutet, dass Kinder im Rahmen der Beziehung zu Erwachsenen bzw. der zu anderen Kindern lernen. Wenn sie sich mit Erwachsenen oder anderen Kindern austauschen, geben sie auf diesem Weg Dingen und Ereignissen einen Sinn. Bei Kindern in den ersten Lebensjahren erfolgt dieser Austausch anfänglich nonverbal. Dabei stehen sensorische Erfahrungen wie Hören, Fühlen, Schmecken, Riechen und Tasten im Vordergrund, später vollzieht sich der Austausch zunehmend verbal.

Tipp:

Im „Kleinstkinder"-Themenheft „Sozial-emotionale Entwicklung" finden Sie weitere vertiefende Texte und Anregungen für die Praxis zu diesem Thema! Erhältlich als PDF für 7,95 € unter: www.herder.de

Fotos: Harald Neumann

Kinder beobachten einander beim Spiel sehr genau

Körper, Sinne, Bewegung

„Ach, bist du groß geworden!“ Wer ein Kind nur gelegentlich sieht, kommt manchmal aus dem Staunen nicht mehr heraus. Aus gutem Grund. Die körperliche Entwicklung vollzieht sich in den ersten Lebensjahren in rasantem Tempo.

von Jeanette Roos

1. Wachstum: die Entwicklung des Körpers

Als Max das erste Mal in die Krippe kommt, ist er acht Monate alt, wiegt knapp 9 kg und ist 71 cm groß. Als er sie etwas nach seinem dritten Geburtstag wieder verlässt, ist sein Gewicht um über 60 % auf fast 14,5 kg gestiegen. In der Länge misst er 97 cm, ist also 26 cm größer. Ein enormes Wachstum liegt hinter ihm. Die Geburtsgröße beträgt bei einem normal ausgetragenen Säugling durchschnittlich ca. 48–53 cm. Im ersten Lebensjahr findet das umfänglichste Körperwachstum mit etwa 18–25 cm im Durchschnitt statt. Im zweiten Lebensjahr wächst ein Kind weitere 10–13 cm. Danach nimmt das Wachstum deutlich ab und pendelt sich bei ca. 5–6 cm pro Jahr ein, bis dann in der Pubertät ein neuer Wachstumsschub ausgelöst wird. Der Körper wächst nicht nur, sondern auch seine Proportionen verändern sich. Auffällig ist vor allem eine starke Veränderung des Verhältnisses von Kopf und Rumpf. Während die Größe des Kopfes bei der Geburt 25 % der Gesamtkörperlänge beträgt, reduziert sich die Relation auf 12 % im Erwachsenenalter. Am Ende einer regulären Schwangerschaft ist der Kopf schon so groß, dass er nur unter großen Mühen durch den Geburtskanal passt. Zum Glück sind menschliche Wesen mit Schädelknochen ausgestattet, die Lücken (Fontanellen) aufweisen und sich vorübergehend zusammenschieben können, um den Durchtritt zu erleichtern. Fontanellen sind noch aus einem anderem Grund wichtig: Das Gehirn wächst nach der Geburt massiv, die Schädelgröße muss sich rasch anpassen. Das gelingt nur, wenn der Schädelknochen Wachstumslücken aufweist. In den ersten Lebensjahren ist der Kopfumfang ein grobes Indiz dafür, dass das Gehirn sich normal entwickelt. Gegen Ende des zweiten Lebensjahres schließen sich die Fontanellen. Trotzdem wächst das Gehirn noch weiter, bis es mit ca. sechs Jahren seine volle Größe erreicht hat. Sein Volumen hat sich inzwischen mehr als verdreifacht.

Mit dem Längenwachstum und der Kopfgröße ist auch eine Gewichtszunahme verbunden. Im ersten Lebensjahr liegt der Mittelwert für termingeborene Kinder bei 3,2 kg, mit einem Jahr bei 9,3 kg. Das entspricht einer Steigerung von knapp 300 %. Mit zwei Jahren wiegen Kinder im Durchschnitt 12,2 kg (Steigerung: ca. 30 %) und mit drei Jahren 14,5 kg (Steigerung: ca. 20 %). Man erkennt an diesen Werten, dass der Zuwachs mit dem Alter wie beim Wachstum immer geringer wird. Das bedeutet umgekehrt: In den ersten drei Lebensjahren erfahren Kleinkinder das stärkste körperliche Wachstum. Sie brauchen also in der Kita eine materielle und räumliche Umgebung sowie Bildungsangebote, die mit ihrem schnellen körperlichen Wachstum Schritt halten.

Schlaf-Wach-Rhythmus

Bei ihrer Geburt haben Babys einen Schlaf-Wach-Rhythmus und Ernährungsrhythmus, die deutlich von denen Erwachsener abweichen. Je jünger ein Kind ist, wenn es in die Krippe kommt, desto wahrscheinlicher ist es, dass es noch einen eigenen Rhythmus hat, den es zu beachten gilt. Gleiche Schlafzeiten für alle machen im ersten Lebensjahr daher noch wenig Sinn (s. auch unten). Ein wichtiger Entwicklungsschritt besteht darin, die Schlafintervalle mit der Zeit auszudehnen. Während am Anfang der Entwicklung viele Schlafintervalle über den Tag und die Nacht hinweg verteilt liegen, dehnt sich im Lauf der Zeit der Nachtschlaf aus und der Tagschlaf nimmt ab, wobei die pädagogischen Bemühungen (insbesondere der Eltern) in diesem

Zusammenhang eine zunehmend große Rolle spielen. Während der ersten drei bis vier Lebensjahre benötigen viele Kinder jedoch weiterhin Schlafintervalle während des Tages (Mittagsschlaf).
Der Schlaf-Wach-Rhythmus zählt zu den sog. zirkadianen Rhythmen. Zirkadian leitet sich ab vom lateinischen „circa" (= ungefähr) und „dies" (= der Tag) und meint einen endogenen Rhythmus, der eine Periodenlänge von 24 Stunden und bei den meisten Lebewesen Einfluss auf den Organismus hat. Wenn Säuglinge sich normal entwickeln, gehört zu den ersten Entwicklungsaufgaben die Anpassung des eigenen zirkadianen Rhythmus (und der damit verbundenen Bedürfnisse) an den Rhythmus der sozialen Umgebung. Der Säugling muss seinen Schlaf-Wach-Rhythmus an die Erfordernisse der Umgebung anpassen und seine Ernährungsbedürfnisse regulieren. Dies stellt für Kleinkinder bei der Eingewöhnung in die Kita immer wieder eine Herausforderung dar. Schlaf- und Essenszeiten zu Hause weichen oft von denen in der Kita ab. Während sich die Eltern meist ganz nach dem Rhythmus des Kindes richten können, muss es sich in der Kita manchmal an den Rhythmus der Gruppe anpassen. Besonders in der Anfangszeit ist es wichtig, auf den individuellen Rhythmus und die Bedürfnisse des Kindes einzugehen und es behutsam an den neuen Rhythmus zu gewöhnen.

Foto: Harald Neumann

In der Kita müssen Kleinkinder ihr individuelles Schlafbedürfnis oft an den Rhythmus der Gruppe anpassen

2. In Bewegung: die motorische Entwicklung

Anfänglich können Säuglinge ihre Körperlage kaum ohne Hilfe verändern. Zwölf Monate später sind sie bereits in der Lage, aufrecht zu sitzen und sich auch irgendwie fortzubewegen. Im Laufe des ersten Lebensjahres findet die motorische Entwicklung besondere Beachtung, weil sich in diesem Entwicklungsbereich Fortschritte von Kleinkindern besonders gut beobachten lassen. Das erste Kopfheben, das erstmalige freie Sitzen, die ersten unsicheren Schritte bleiben häufig als besondere Ereignisse lange in Erinnerung. Doch gerade weil sich die Fortschritte in der Bewegungsentwicklung so gut beobachten lassen, entsteht mitunter auch Verunsicherung, wenn manche Kinder ihre motorischen Fertigkeiten scheinbar langsamer oder anders als gleichaltrige Kinder entwickeln. Insbesondere auf dem Weg zum freien Gehen zeigen Kinder eine große zeitliche Spannbreite wie auch vielfältige Formen der Fortbewegung. Motorische Entwicklung umfasst Veränderungen der Motorsysteme des Körpers, dazu gehören z. B. motorische Einheiten, Muskel-Gelenk-Knochensysteme wie Hand, Arm oder Kopf sowie das Sprechmotoriksystem, alle Formen von Körperbewegungen, aber auch Mobilität bzw. Beweglichkeit. Diese Veränderungen können nach Anatomie (z. B. Muskel- und Knochenlänge), physiologischer und psychomotorischer Leistungsänderung klassifiziert werden. Bewegungen sind Leistungen, die in Kondition (Ausdauer) und Koordination (Regelung und Steuerung) unterteilt werden können. Pädagogische Fachkräfte haben in diesem Kontext eine wichtige Aufgabe: Sie beobachten und dokumentieren die kindliche Entwicklung, nehmen Besonderheiten wahr und sind mit ihrem fachlichen Know-how wichtige Ansprechpersonen für Eltern.

Grob- und Feinmotorik

Zur Grobmotorik (Ganzkörperbewegungen) zählen u. a. die Stütz-, Haltungs- und Gehmotorik. Beispiele dafür sind das freie Bewegen des Kopfes (1.–4. Monat) oder das Laufenlernen (12.–18. Monat), wobei sich die Grobmotorik vom Kopf zu den Füßen entwickelt. Die Feinmo-

torik betrifft motorische Teilsysteme, die primär zielmotorisch sind, z. B. die Hand-Körper-Koordination (Hand gezielt zum Mund führen, 1.-3. Monat) oder Objekte greifen und halten (z. B. Pinzettengriff, 7.-12. Monat). Das allgemeine Prinzip der Motorikentwicklung lässt sich wie folgt beschreiben:

1. Zunächst lernt das Kind einzelne Bewegungsabfolgen (Arm ausstrecken).
2. Es koordiniert die Einzelbewegungen (Arm austrecken und nach einem Gegenstand greifen).
3. Dann integriert es die Bewegungen in längere Verhaltensketten (Arm ausstrecken, nach einem Gegenstand greifen und diesen von einer Hand in die andere Hand wechseln).
4. Anschließend automatisiert es die koordinierten Einzelabfolgen immer mehr.
5. Außerdem verfeinert es die Verhaltensabfolgen zunehmend (Präzision), indem es sie an spezifische Umgebungsbedingungen anpasst (große und kleine Dinge greifen, z. B. mit dem Pinzettengriff).

Vom Strampeln zum Laufen ...

Viele Kinder rollen sich schon mit drei Monaten auf die Seite und kurze Zeit später vom Rücken auf den Bauch, andere tun dies erst mit sieben Monaten. Und nicht nur das: Viele Kinder durchlaufen innerhalb weniger Monate mehrere Entwicklungsschritte der Körpermotorik fast nebeneinander, andere tun dies nach und nach. Alle Kinder in unserem Kulturkreis, die sich normal entwickeln, können schließlich mit zehn Monaten frei sitzen. Manche Kinder beginnen schon mit neun Monaten frei zu gehen, andere erst mit 18 Monaten. Doch im Alter von 20 Monaten können sich bei einer normal verlaufenden Entwicklung Kinder frei und sicher gehend bewegen. Die neu erworbene Fähigkeit probieren sie auf vielfältigste Art aus: Sie laufen hin und her, um Tische herum, fühlen, wie es sich auf dem Teppich, der Wiese, im Sand und auf Stein läuft, oder bewältigen eine Türschwelle. Meist geht es ihnen nicht darum, ein bestimmtes Ziel zu erreichen. Das Gehen an sich macht Sinn und schon bald lässt sich das Tempo immer besser der Situation und den Gegebenheiten anpassen.

... kommt jedes Kind in seinem eigenen Tempo

Sobald Kinder dafür bereit sind (der Zeitpunkt ist abhängig von genetischen Faktoren, Umwelteinflüssen und dem eigenen Lernen), bringen sie sich das Kriechen, Sitzen, Aufstehen und Gehen selbst bei. Dabei können von Kind zu Kind enorme Unterschiede bestehen. Beweglichkeit entwickelt sich in einer großen zeitlichen Spannbreite und auf unterschiedliche Weise. Manche Kinder können bspw. so mit ihren Gehübungen beschäftigt sein, dass sie in anderen Entwicklungsbereichen für eine gewisse Zeit nur wenige Fortschritte machen. Sie legen vielleicht beim Sprechen eine Pause ein, zeigen wenig Interesse an Bilderbüchern oder Spielsachen. Das ist kein Grund zur Sorge: Wenn diese Kinder dann nach einigen Wochen und Monaten sicher gehen, werden sie sich auch in den anderen Bereichen wieder weiterentwickeln und „Versäumtes" schnell nachholen. Pädagogische Fachkräfte brauchen deshalb fundiertes entwicklungspsychologisches Wissen, um einschätzen zu können, mit welcher Entwicklungsaufgabe/welchen Entwicklungsaufgaben ein Kind gerade vorrangig beschäftigt ist.

Verzögerungen in der motorischen Entwicklung

Kinder suchen sich aus eigenem Antrieb Erfahrungen, die sie mit der Zeit immer sicherer und geschickter werden lassen. Bei manchen Kindern ist die motorische Entwicklung aufgrund einer Erkrankung oder einer Behinderung beeinträchtigt oder deutlich verlangsamt. Sie brauchen in der Kita und darüber hinaus besondere Anregung und Aufmerksamkeit und meist auch fachliche Unterstützung in ihrer Bewegungsentwicklung. In einigen Fällen erkennt man eine

Foto: Coretta Koch

Manche Kinder benötigen Bewegungsunterstützung

mögliche Behinderung auch erst aufgrund von Auffälligkeiten und Verzögerungen vor allem in der frühen Bewegungsentwicklung. Frühförderung und geeignete therapeutische Maßnahmen können Kindern bestimmte Bewegungserfahrungen ermöglichen und sie darin unterstützen, spezielle Bewegungsabläufe zu lernen. Neben der fachlichen Unterstützung sind es vor allem liebevolle Zuwendung und die Einbindung in Gruppenaktivitäten mit anderen Kindern, welche die Bewegungsentwicklung wie auch die gesamte Entwicklung dieser Kinder günstig beeinflussen.

Meilensteine der motorischen Entwicklung

Als Meilenstein wird ein Entwicklungsabschnitt bezeichnet, in dem ein Kind wichtige Funktionen wie z. B. das freie Laufen oder den Pinzettengriff möglichst bzw. demnächst erworben haben sollte. Die Zeitangaben der Meilensteine beziehen sich auf den Zeitpunkt, zu dem 50 % aller Kinder eine bestimmte Fähigkeit erworben haben. Die Orientierung an Meilensteinen hat den Vorteil, dass die Verschiedenheit in der Entwicklung berücksichtigt ist. Meilensteine eignen sich nicht, um eine verzögerte Entwicklung festzustellen.

Geburt bis drei Monate: spontane Bewegungen

Das Baby kommt mit den Bewegungsmustern auf die Welt, die sich bereits in der frühen Schwangerschaft herausgebildet haben und die zwischen der 16. und 20. Schwangerschaftswoche erstmals zu spüren waren. Diese Bewegungen sind noch spontan, zufällig und ungerichtet. Säuglinge strampeln und rudern mit den Armen gleichzeitig und dabei bewegt sich der Körper mit. Die Bewegungen sind kaum gezielt. Säuglinge sind noch nicht in der Lage, ihren Kopf zu halten. Wenn man sie hochnimmt, muss man Kopf, Rumpf und Wirbelsäule behutsam unterstützen. Zur Veränderung der Körperlage ist der Säugling auf Hilfe angewiesen.

Foto: Harald Neumann

Anregende Klettermöglichkeiten im Gruppenraum fördern die motorische Entwicklung der Kinder

Ab drei Monaten: Haltungskontrolle und gezielte Bewegungen

Schon bald gelingt es Säuglingen, ihre Bewegungen besser zu steuern. Etwa ab dem dritten Lebensmonat beginnen sie, langsam und vorsichtig die Arme, Hände und Finger gezielt zu bewegen. Die Mitbewegung des Körpers lässt nach. Mit etwa drei Monaten kann das Kind den Kopf im Sitzen und in Bauchlage aufrecht halten. Wenn man einen Säugling zum Sitzen hochzieht, ist er jetzt in der Lage, den Kopf mitzunehmen.

Die anfangs noch eher groben, ungenauen Bewegungen verfeinern sich in den folgenden Monaten zunehmend. Sie werden zielsicherer und in ihrem Zusammenspiel – der Koordination – immer besser aufeinander abgestimmt. Bis zum Ende des ersten Lebenshalbjahres kann sich ein Kind in der Bauchlage auf den Händen abstützen und den Kopf frei bewegen.

Im Alter zwischen drei und sieben Monaten beginnen Säuglinge auch, sich zu drehen. Als Erstes von Rücken- oder Bauchlage auf die Seite, anschließend vom Bauch auf den Rücken und schließlich umgekehrt. Dies geschieht meist unerwartet und ohne Vorankündigung. Kinder dürfen daher nie unbeaufsichtigt auf erhöhten Flächen wie z. B. dem Wickeltisch liegen. Pädagogische Fachkräfte müssen sich dieser Gefahr bewusst sein und im Zweifelsfall immer zuerst das Baby an einer sicheren Stelle ab-

Achtung, Kleinkind im Anmarsch!

Mit der wachsenden Mobilität des Kindes nehmen auch die Unfallgefährdungen zu. Räume müssen kindersicher sein – einmal mobil, möchten Kinder alles erkunden, was in ihre Reichweite gelangt. Was in der Krippe selbstverständlich ist, ist zu Hause manchmal schwieriger. Pädagogische Fachkräfte sollten daher Eltern sensibilisieren für die Gefahren in dieser Entwicklungsphase (verschluckbare Kleinteile, Tischdecken, Regale oder Schränke, die nicht festgeschraubt sind, gefährliche Substanzen wie Putzmittel, Heißes usw.). Kinder müssen sich gefahrenlos und möglichst ohne große Einschränkungen bewegen können. Lauflernhilfen erleichtern das Gehenlernen nicht und bergen Unfallgefahren.

Foto: Redaktion

Bevor das freie Laufen beginnt, ziehen sich viele Kinder an Gegenständen hoch und üben so, die Balance auf zwei Beinen zu halten

legen, bevor sie sich um ein anderes Kind kümmern.

Das zweite Lebenshalbjahr: sitzen und erste Fortbewegung

Zwischen sieben und zehn Monaten beginnen die meisten Kinder, sich auf irgendeine Art fortzubewegen. Überwiegend gelangen Kinder vom Drehen über das Kreisrutschen, Robben, Kriechen, den Vierfüßlergang und das Aufstehen zum freien Gehen. Einige schlängeln oder rollen sich über den Boden, rutschen auf dem Hosenboden herum und einige wenige tun nichts dergleichen: Sie ziehen sich irgendwann aus der Bauchlage hoch in den Stand und lernen das freie Gehen.

Mit zehn Monaten können schließlich alle normal entwickelten Kinder frei sitzen. Das freie Sitzen ist eine große Errungenschaft, jetzt sind ganz neue Erfahrungen möglich. Der Überblick über die Umgebung und die Teilhabe am Geschehen ringsum gelingen viel besser als im Liegen, zudem sind dabei die Hände frei zum Spielen. Die meisten Kinder beginnen im Alter zwischen neun und 15 Monaten, sich an Stühlen, Tischbeinen und anderen Möbelstücken hochzuziehen und aufzustellen. Sobald sie sich einigermaßen sicher fühlen, fangen sie an, sich an den Möbeln entlangzuhangeln, erst an der Hand des Erwachsenen, und schließlich frei zu gehen. Mit dem freien Gehen wird das Draußensein immer verlockender und wichtiger zum Austoben. Im Garten, auf dem Spielplatz, auf der Wiese, auf Spaziergängen im Park, in Wald oder Feld lernen Kinder, immer sicherer und geschickter mit ihrem Körper umzugehen, und eignen sich weitere Bewegungsfertigkeiten an: vorwärts- und rückwärtslaufen, sich im Kreis drehen, klettern und hüpfen, über Pfützen springen, Treppen steigen, balancieren, Dreirad, Laufrad, Roller fahren. Kinder wenden ihre neuen motorischen Fähigkeiten unter den verschiedensten Bedingungen an und bauen ihre Koordination, Ausdauer und Muskelkraft aus. Dazu brauchen sie geeignete Bewegungsangebote und Umweltbedingungen. Bewegungserfahrungen geben Sicherheit. Pädagoginnen müssen und können Kindern das Kriechen und Aufsitzen, das Gehen und Hüpfen, Springen und Klettern nicht beibringen. Doch sie können Kinder darin unterstützen, ihre körperlichen Fähigkeiten in ihrer ganzen Bandbreite zu entfalten. Kinder benötigen einen möglichst abwechslungsreichen Bewegungsraum mit vielfältigen Übungs- und Erfahrungsmöglichkeiten, die ihrem Alter und ihrer Entwicklung entspre-

Alter	Körpermotorik	Handmotorik
3–4 Monate	Abstützen auf Unterarmen und Handwurzel in Bauchlage	Gezieltes Greifen
6 Monate	Abstützen auf Unterarmen und Handwurzel in Bauchlage	Gezieltes Greifen
7–8 Monate	Kopfkontrolle im gehaltenen Sitzen	Greifen mit der Handfläche
10 Monate	Drehen aus Bauch- und Rückenlage, Robben	Scherengriff (mit Daumen und Zeigefinger greifen)
11–15 Monate	Hochziehen zum Stand, einzelne Schritte an Möbeln oder an einer Hand, erste Schritte, freies Gehen	Gezieltes Loslassen, Pinzettengriff, Zeigen mit dem Zeigefinger auf einen Gegenstand oder eine Person
18 Monate	Einzelne Schritte rückwärts, Klettern auf eine Stufe oder einen niedrigen Sitz	2–4 Klötze stapeln, ausgiebig mit einem Stift kritzeln
24 Monate	Eine Stufe abwärtsgehen mit Hilfe, Hüpfen mit beiden Beinen	Waagerechten Strich malen, Wasser von einem Behälter in einen anderen gießen
30 Monate	Zwei Treppenstufen aufwärts im Nachstellschritt an einer Hand, leichten Ball über den Kopf werfen oder fangen, weichen Ball kicken	Deckel aufschrauben, eine dicke Perle auffädeln (die Schnur ganz durchziehen), Papier mit einer Schere zweimal hintereinander schneiden
36 Monate	Auf einer Bank balancieren, 2–3 Sekunden auf einem Bein stehen, einen Ball mit den Armen fangen	Geschlossenen Kreis malen, einen Turm aus acht Klötzen bauen, ein Papier ungefähr in der Mitte falten

chen. Nur so können sie lernen, ihren Körper zu beherrschen und immer sicherer und geschickter damit umzugehen. Sie finden hierbei ihre Möglichkeiten wie auch ihre Grenzen heraus, eignen sich nach und nach weitere Bewegungsfertigkeiten an und gewinnen Selbstvertrauen und Sicherheit. Kinder benötigen jeden Tag Gelegenheit, sich ausgiebig zu bewegen – zu laufen, zu rennen, zu klettern und zu toben. Besonders Kleinkinder sollten jede Menge Erfahrungsmöglichkeiten im Klettern und Balancieren erhalten. Hierdurch werden sie immer geschickter und fallen seltener. Viel selbst auszuprobieren ist wichtig. Nur Gefahren haben sie noch nicht im Blick. Dafür brauchen sie pädagogische Fachkräfte, die sie begleiten und einschätzen können, wann es gefährlich werden könnte.

3. Mit allen Sinnen: die Entwicklung der Sensomotorik

Der Begriff Sensomotorik bezeichnet das Zusammenspiel von sensorischen und motorischen Leistungen. Bewegungen werden durch die Rückmeldung über die Sinne (sensorische Systeme) gesteuert und kontrolliert. Die Wahrnehmung eines Reizes und motorisches Verhalten stehen in direktem Zusammenhang über parallel laufende Prozesse, wie z. B. zwischen Auge, Gleichgewichtssystem und der gezielten Steuerung von Fuß- und Armbewegungen beim Rollerfahren. Auch die Auge-Hand-Koordination zählt zur Sensomotorik.

Schon Neugeborene sammeln mit allen Sinnen erste Eindrücke von ihrer unmittelbaren Umwelt, können darauf reagieren und einwirken. Sie sind offenbar auch schon in der Lage, Gegenstände als Ganzes zu erfassen und verschiedene Sinneseindrücke miteinander in Beziehung zu setzen: Es tritt z. B. Irritation auf, wenn sie ein sprechendes Gesicht sehen, die Stimme jedoch nicht aus der Richtung des Mundes, sondern

von der Seite kommt. Im Zusammenwirken von Reifung und Anregung durch die Umwelt erweitern und verfeinern Säuglinge im Verlauf des ersten Lebensjahres ihre angeborenen Fähigkeiten beträchtlich. Berührungserfahrungen wie sanftes Streicheln, enger Körperkontakt und Getragenwerden sind ebenso wie das Hören menschlicher Stimmen und das Anschauen von Gesichtern intensive Sinnesreize, durch die sinnliche Wahrnehmung angeregt wird.

Bereits von Geburt an nimmt ein Kind seine Umwelt mit allen Sinnen wahr. Bei einem gesunden Neugeborenen sind alle Sinnessysteme grundsätzlich funktionsfähig. Säuglinge können sehen und hören, schmecken und riechen. Sie fühlen Schmerz und spüren, wenn sie berührt, gehalten, getragen oder bewegt werden. Allerdings sind die Sinnesempfindungen zunächst noch unterschiedlich stark ausgeprägt, denn einzelne Sinnesbereiche, wie bspw. das Sehen, müssen sich noch weiterentwickeln. Auch die Fähigkeit, die einzelnen Sinnesreize zu verarbeiten – sie zu koordinieren, richtig einzuordnen und angemessen darauf zu reagieren –, muss sich in den ersten Lebensmonaten und -jahren erst noch entwickeln. Damit ein Kind Reize umfassend wahrnehmen kann, muss es seine Aufmerksamkeit darauf richten. Mit zunehmendem Alter lernen Säuglinge und Kleinkinder, ihre Aufmerksamkeit bewusster zu steuern (vgl. Kap. III „Die kognitive Entwicklung"). Dazu gehört die Fähigkeit, einen Reiz zu fokussieren, genauso wie die Möglichkeit, sich wieder von ihm abzuwenden. Auch die Tiefe und die Dauer, mit denen ein Reiz verarbeitet wird, verändern sich mit dem Alter. Wahrnehmung und Aufmerksamkeit bestimmen gemeinsam, welche Informationen vom Kind in welcher Art verarbeitet werden. Sie bilden das Fundament für kindliches Lernen.

Hören

Das Hören spielt für die gesamte Entwicklung des Kindes eine bedeutende Rolle. Bereits vor der Geburt hat ein Kind im Bauch der Mutter einiges gehört, etwa den Rhythmus des mütterlichen Herzschlags, den Klang und die Melodie der mütterlichen Stimme. Ein gesundes Neugeborenes kommt mit einem organisch vollständig ausgebildeten und funktionsbereiten Gehör auf die Welt. Es nimmt Geräusche wahr und reagiert darauf. In den ersten Lebensmonaten und -jahren bildet sich das Hörvermögen noch weiter aus. Die dazu notwendigen Reize erhält das Baby durch die vielfältigen Geräusche, die es in seiner Umgebung wahrnehmen und verarbeiten kann. Dabei sind Stimmen zunächst das bevorzugte Geräusch. In ihren ersten Monaten hören Kleinkinder am liebsten die Stimme der engsten Bezugspersonen (Mutter und Vater) und die anderer vertrauter Personen. Sie haben Freude daran, wenn man mit ihnen spricht, ihnen etwas erzählt oder Lieder vorsingt. Damit wird die Entwicklung des Hörvermögens unterstützt und gleichzeitig auch die Motivation am eigenen Sprechen geweckt.

Sehen

Das Sehen ist von Geburt an ein wichtiger Teil der kindlichen Wahrnehmung, auch wenn das Sehvermögen zu Beginn noch eingeschränkt ist. Säuglinge sehen zunächst noch unscharf und nehmen ihre Umgebung nur schemenhaft wahr.

Aber sie können bereits unterschiedliche Helligkeiten, Muster und Formen und insbesondere Hell-Dunkel-Kontraste wahrnehmen und unterscheiden. Sie zeigen besonderes Interesse für das menschliche Gesicht und suchen den Blickkontakt. Die beste Sehschärfe liegt zunächst in einem Abstand von 20–25 cm vom Auge. Dies entspricht in etwa der Entfernung, die Bezugspersonen häufig intuitiv mit ihrem Gesicht ein-

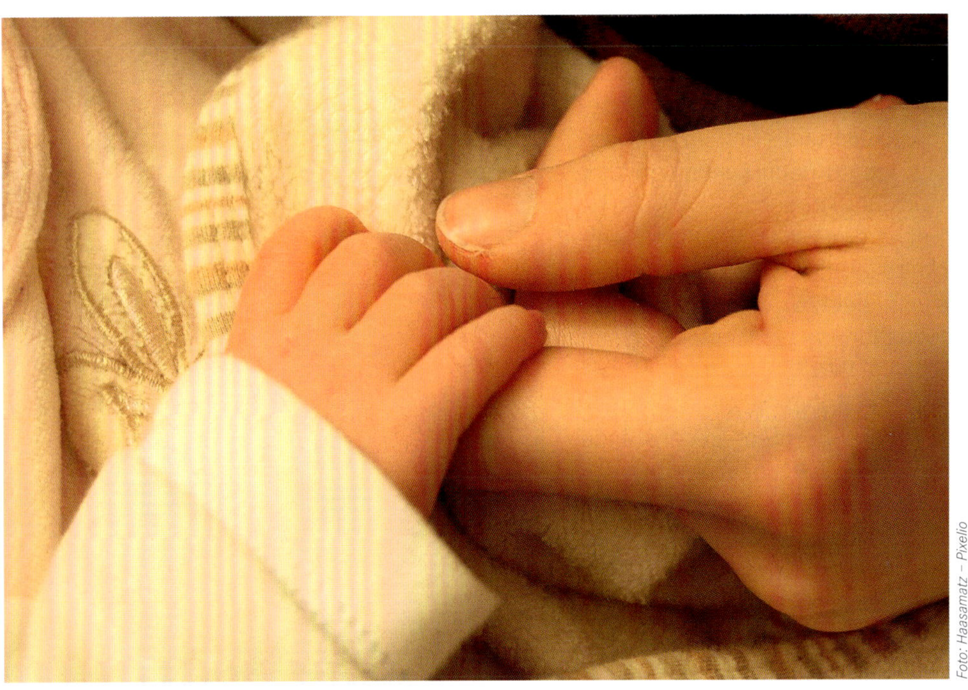

Foto: Haasamatz – Pixelio

Der Greifreflex des Neugeborenen

nehmen, wenn sie sich einem Kind zuwenden und sich mit ihm austauschen.
Auch die motorische, die geistige und die sprachliche Entwicklung erhalten über das Sehen wichtige Anreize: So wachsen mit zunehmender Sehfähigkeit z.B. auch die Neugier und das Interesse von Säuglingen für ihre Umwelt. Sie beginnen, nach Dingen zu greifen und sich diese anzuschauen, und lernen, ihre Hände untereinander und schließlich auch Augen mit Händen immer besser zu koordinieren. Im ersten Lebensjahr entwickelt sich die Sehfähigkeit beträchtlich. Über die optischen Sinnesreize lernt das Gehirn, die über die Augen gelieferten Informationen zu verarbeiten, und entwickelt die hierfür notwendigen Nervenverbindungen. Insbesondere die Sehschärfe vollzieht im ersten Lebensjahr eine enorme Entwicklung: Während das Neugeborene noch unscharf sieht, weil die Sinneszellen der Netzhaut nur 2% des einfallenden Lichtes aufnehmen können, sind es bei Erwachsenen 65%. In der Folgezeit entwickelt sich die Sehschärfe dann schnell und es ist davon auszugehen, dass sich die Sehschärfe von acht Monate alten Babys bereits derjenigen von Erwachsenen annähert. Die volle Sehschärfe von Erwachsenen wird allerdings erst im Alter von sechs Jahren nach kontinuierlicher Entwicklung erreicht.
Mit etwa drei bis vier Monaten entwickelt sich das beidäugige Sehen. Die von beiden Augen gelieferten Informationen verschmelzen nun zu einem Bild. Damit beginnt das räumliche Sehen. Das Baby kann nun auch entferntere Gegenstände sehen und Bewegungen mit den Augen verfolgen. Mit etwa sieben bis acht Monaten zeigt das Kind deutliches Interesse für seine Umgebung. Es erkennt nun Dinge außerhalb seiner Reichweite und streckt gezielt die Hände danach aus. Hat es zuvor Gegenstände vor allem mit Mund und Händen untersucht, beginnt es, diese nun immer ausgiebiger auch mit den Augen zu erforschen.

Berührungsempfindungen, Schmecken und Riechen

Der Tast- oder Hautsinn ist – neben dem Gehör – i.d.R. als Erstes und schon lange vor der Geburt ausgereift. Nach den intensiven Berührungsreizen in der immer enger werdenden Gebärmutter müssen sich Kinder nach der Geburt erst an das Getrenntsein vom Körper der Mutter allmählich und behutsam gewöhnen. Säuglinge möchten gehalten, berührt und bewegt werden und erfahren in den ersten Lebensmonaten Sicherheit und Geborgenheit vor allem im engen Körperkontakt. Sie lernen dabei die eigene Art des Aufnehmens, Haltens und Bewegens kennen und können schon bald unterscheiden, wer es gerade hält.
Geschmacks- und Geruchssinn sind vom ersten Tag an gut ausgebildet. Bereits Neugeborene unterscheiden zumindest die Grundgeschmacksrichtungen und bevorzugen – zunächst zumindest – offenbar Süßes vor Salzigem oder Saurem. Schon nach wenigen Tagen können Babys ihre Mütter am Geruch erkennen.

Pädagogische Fachkräfte achten darauf, ob die Wahrnehmungsfähigkeiten des Kindes in allen Sinnesbereichen normal ausgebildet sind. Sämtliche Informationen aus der Umwelt werden über die verschiedenen Sinne aufgenommen, sie sind von entscheidender Bedeutung für die weitere Entwicklung.

Foto: mayakova – Fotolia

Das Mobile aufmerksam im Blick

Literaturverzeichnis

Ahnert, L.: Frühe Bindung. Entstehung und Entwicklung. München: Ernst Reinhardt 2014

Ahnert, L.: Von der Mutter-Kind- zur Erzieherinnen-Kind-Bindung? In: Becker-Stoll, F. / Textor, M. (Hrsg.): Die Erzieherin-Kind-Beziehung. Berlin: Cornelsen Scriptor 2007

Borke, J. / Bossong, L. / Lamm, B.: Entwicklungspsychologische Grundlagen der ersten Jahre. Nifbe-Themenheft, Nr. 17. Osnabrück: Niedersächsisches Institut für frühkindliche Bildung 2013

Buschmann, A.: Gezielte Anleitung von Bezugspersonen zu sprachförderlichen Alltagsinteraktionen. In: Sachse, S. (Hrsg.): Handbuch Spracherwerb und Sprachentwicklungsstörungen: Kleinkindphase. München: Urban & Fischer bei Elsevier 2015

Buschmann, A. / Sachse, S.: Wozu alltagsintegrierte Sprachbildung? In: Im Dialog: Alltagsintegrierte Sprachbildung. Themenheft der Zeitschrift „Kleinstkinder in Kita und Tagespflege", S. 7. Freiburg: Herder 2017

Dale, P. S. / Fenson, L.: Lexical development norms for young children. In: Behavioral Research Methods, Instruments, & Computers, 28, S. 125-127. 1996

Ekman, P. / Friesen, W. V.: Constants Across Cultures in the Face and Emotion. In: Journal of Personality and Social Psychology, 17(2), S. 124-129. 1971

Grimm, H.: Störungen der Sprachentwicklung. Göttingen: Hogrefe 2003

Holodynski, M.: Emotionen – Entwicklung und Regulation. Heidelberg: Springer 2006

Janke, B.: Entwicklung des Emotionswissens bei Kindern. Göttingen: Hogrefe 2002

Janke, B.: Skala zur Erfassung des Emotionswissens für 3- bis 10-jährige Kinder. Heidelberg: Pädagogische Hochschule 2006

Kauschke, C.: Kindlicher Spracherwerb im Deutschen: Verläufe, Forschungsmethoden, Erklärungsansätze (Vol. 45). Berlin: Walter de Gruyter 2012

Keller, H. / Lohaus, A. / Völker, S. / Cappenberg, M. / Chasiotis, A.: Temporal contingency as an independent component of parenting behavior. In: Child Development, 70, S. 474-485. 1999

Lewis, M. / Sullivan, M. W. / Stanger, C. / Weiss, M.: Self-development and self-conscious emotions. In: Child Development, 60, S. 146-156. 1989

Lohaus, A. et al.: Infant development in two cultural contexts: Cameroonian Nso farmer and German middle-class infants. In: Journal of Reproductive and Infant Psychology, 29(2), S. 148-161. 2011

Lohaus, A. / Vierhaus, M.: Entwicklungspsychologie des Kindes- und Jungendalters für Bachelor. Berlin / Heidelberg: Springer 2015

Michaelis, R.: Die ersten fünf Jahre im Leben eines Kindes. München: Knaur 2006

Otto, H. / Keller, H.: Bindung und Kultur. nifbe-Themenheft, Nr. 1. Osnabrück: Niedersächsisches Institut für frühkindliche Bildung 2012

Papoušek, M.: Vom ersten Schrei zum ersten Wort; Anfänge der Sprachentwicklung in der vorsprachlichen Kommunikation. Bern: Huber 1994

Pauen, S. / Roos, J.: Entwicklung in den ersten Lebensjahren (0-3 Jahre). München / Basel: Ernst Reinhardt 2017

Pauen, S.: Vom Baby zum Kleinkind. Beobachtung, Begleitung und Förderung in den ersten Jahren. Heidelberg / Berlin: Springer 2018

Ritterfeld, U.: Welchen und wieviel Input braucht das Kind? In: Grimm, H. (Hrsg.): Sprachentwicklung. Enzyklopädie der Psychologie (Bd. C3 / 3), S. 403-432. Göttingen: Hogrefe 2000

Roos, J.: Entwicklungsorientierte diagnostische Einschätzungen in Kindertageseinrichtungen. In: Schmidt, T. / Smidt, W. (Hrsg.): Handbuch zur empirischen Forschung in der Pädagogik der frühen Kindheit. Münster / New York: Waxmann 2018

Rosenkötter, H.: Motorik und Wahrnehmung im Kindesalter. Stuttgart: Kohlhammer 2013

Sachse, S. / Suchodoletz, W. v.: Möglichkeiten der Früherkennung von Sprachentwicklungsstörungen im Säuglingsalter und zum Zeitpunkt der U6. In: Hellbrügge, T. / Schneeweiß, B. (Hrsg.): Frühe Störungen behandeln – Elternkompetenz stärken, S. 187-203. Stuttgart: Klett-Cotta 2011

Schneider, W. / Lindenberger, U.: Entwicklungspsychologie. Weinheim / Basel: Beltz 2012

Siegler, R. / Eisenberg, N. / DeLoache, J. / Saffran, J.: Entwicklungspsychologie im Kindes- und Jugendalter. Heidelberg: Springer 2016

Simon, S. / Sachse, S.: Anregung der Sprachentwicklung durch ein Interaktionstraining für Erzieherinnen. In: Diskurs Kindheits- und Jugendforschung, 8(4), S. 379-397. 2013

Szagun, G. (5. Aufl.): Sprachentwicklung beim Kind. Ein Lehrbuch. Weinheim: Beltz 2013

Weinert, S.: Entwicklung im Kindesalter - alte Fragen, neue Perspektiven. In: Cloos, P. / Koch, K. / Mähler, C. (Hrsg.): Entwicklung und Förderung in der frühen Kindheit. Interdisziplinäre Perspektiven, S. 24-42 Weinheim: Beltz 2015

Weinert, S. (6. Aufl.): Sprachentwicklung. In: Schneider, W. / Lindenberger, T. (Hrsg.): Entwicklungspsychologie. Weinheim: Beltz 2012

Wermke, K.: Vom Schreien zur Sprache. Was die Schrei-Melodien von Säuglingen über die vorsprachliche Entwicklung aussagen. In: Frühförderung interdisziplinär, 23, S. 61-68. 2004

VII. Medientipps

1. Bücher

Grundlagen der Entwicklungspsychologie. Die ersten 10 Lebensjahre
von Gabriele Haug-Schnabel
und Joachim Bensel
Herder 2017
Preis 20,00 €

Babyjahre. Entwicklung und Erziehung in den ersten vier Jahren
von Remo H. Largo
Piper 2017
Preis 25,00 €

0–3 Jahre. Entwicklungspsychologische Grundlagen und frühpädagogische Schlussfolgerungen
von Hartmut Kasten
Cornelsen 2017
Preis 23,99 €

Im Dialog.
Alltagsintegrierte Sprachbildung
Themenheft Kleinstkinder
Herder 2017
Preis 9,99 €

Sozial-emotionale Entwicklung fördern. Wie Kinder in der Gemeinschaft stark werden
von Simone Pfeffer
Herder 2017
Preis 20,00 €

KurzCHECK Kognitive Entwicklung von Kindern
von Anja Mock-Eibeck
Handwerk und Technik GmbH 2018
Preis 7,50 €

2. Materialien

Das nifbe-Themenheft erläutert Grundlagen und Hintergründe von Entwicklungsprozessen in den ersten drei Lebensjahren. Die Autoren gehen hierbei auf Erkenntnisse der Hirnforschung, universelle Lernmechanismen und die Bedeutung von Stimulation und Interaktion ein. Es behandelt außerdem die Variabilität von Entwicklungsprozessen, mit Hinblick auf individuelle Lebensunterschiede, den kulturellen Kontext und Grenzsteine der Entwicklung.
www.nifbe.de/index.php/fachbeitraege-von-a-z?view=item&id=442

Dieser Fachtext liefert einen Überblick über entwicklungspsychologische Grundlagen in den ersten drei Lebensjahren. Der Autor erläutert zudem wichtige frühpädagogische Konsequenzen.
www.kita-fachtexte.de/uploads/media/KiTaFT_kasten_2014.pdf

Dieser Text behandelt die Relevanz der Bewegungsentwicklung für sprachliche Aneignungsprozesse im Kleinkindalter. Zunächst wird die motorische Entwicklung von Kindern im Alter von null bis drei Jahren kurz umrissen. Im Folgenden wird untersucht, inwiefern die Bewegungsentwicklung als Basis der Sprachentwicklung dient.
www.dji.de/fileadmin/user_upload/bibs/672_13198_Expertise_Boecker_Bewegungsentwicklung.pdf

Der Fachartikel erläutert Wachstum und körperliche Entwicklung in den ersten drei Lebensjahren sowie deren Bedeutung für die Betreuung von Kindern in diesem Alter in Kitas.
www.kita-fachtexte.de/uploads/media/KiTaFT_SchlackII_Wachstum_2011.pdf

3. Links

Diese Internetseite der Bundeszentrale für gesundheitliche Aufklärung (BZgA) liefert Informationen, Empfehlungen und Tipps zu verschiedenen Entwicklungsthemen, Gesundheitsthemen und Alltagsthemen bei Kindern. Die Inhalte werden regelmäßig von wissenschaftlichen und praktischen Fachleuten überprüft und ergänzt.
www.kindergesundheit-info.de/themen/entwicklung/entwicklungsschritte/

Im Elternportal des „Arbeitskreises Neue Erziehung e. V." finden Sie mehrere Kurzfilme zum Thema „Wie Babys sich entwickeln". Zur sozial-emotionalen Entwicklung bieten sich besonders die Filme „Trotz", „Kinder miteinander" oder der Film „Signale", in dem es um die Verständigung zwischen Erwachsenen und Säugling geht, an.
www.a4k.de

Die Internetseite der Gesellschaft für Seelische Gesundheit in der Frühen Kindheit (GAIMH) bietet eine umfangreiche Adressliste mit Beratungsangeboten für Eltern: von Schreiambulanzen über Angebote der entwicklungspsychologischen Beratung bis hin zur pädagogischen Beratung für Eltern mit Kindern von null bis drei Jahren. Die Angebote sind nach Postleitzahlen geordnet.
www.gaimh.org

Auf dieser Internetseite finden Sie einen hilfreichen Artikel zum Thema Sprachentwicklung und Früherkennung. Der Text geht auf das Früherkennen bestimmter Entwicklungsstörungen bei Kleinkindern ein. Die Autoren beleuchten besonders die Funktion der frühen Sprachentwicklung als „Alarmsystem" für den Gesamtentwicklungsstand eines Kindes. In diesem Zusammenhang betonen sie die Relevanz von frühzeitiger Erkennung und Behandlung bei Verzögerungen und Störungen der Sprachentwicklung.
www.bielefelder-institut.de/sprachentwicklung-und-frueherkennung.html

Autorinnen dieser Ausgabe:

Fotos: privat

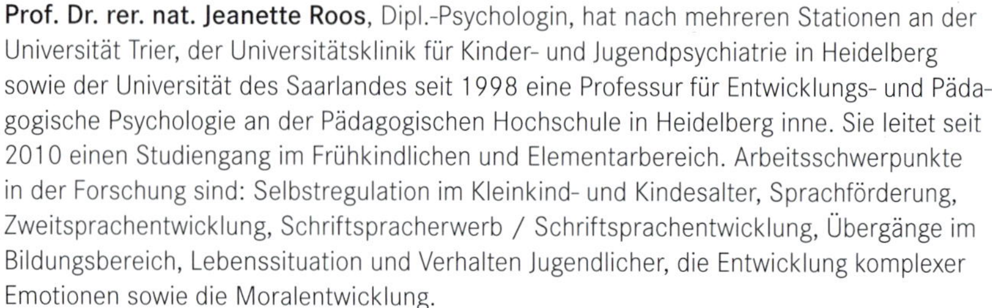

Prof. Dr. rer. nat. Jeanette Roos, Dipl.-Psychologin, hat nach mehreren Stationen an der Universität Trier, der Universitätsklinik für Kinder- und Jugendpsychiatrie in Heidelberg sowie der Universität des Saarlandes seit 1998 eine Professur für Entwicklungs- und Pädagogische Psychologie an der Pädagogischen Hochschule in Heidelberg inne. Sie leitet seit 2010 einen Studiengang im Frühkindlichen und Elementarbereich. Arbeitsschwerpunkte in der Forschung sind: Selbstregulation im Kleinkind- und Kindesalter, Sprachförderung, Zweitsprachentwicklung, Schriftspracherwerb / Schriftsprachentwicklung, Übergänge im Bildungsbereich, Lebenssituation und Verhalten Jugendlicher, die Entwicklung komplexer Emotionen sowie die Moralentwicklung.

Prof. Dr. Steffi Sachse, Dipl.-Psychologin, hat nach Stationen an den Universitäten in München und Ulm seit 2013 eine Professur für Entwicklungspsychologie an der Pädagogischen Hochschule Heidelberg inne. Ihre Lehre befasst sich schwerpunktmäßig mit Sprachentwicklung. Ihre Forschungsinteressen sind die Sprachförderung in Kitas, Mehrsprachigkeit, frühe sprachliche Auffälligkeiten und die Erfassung von Sprachleistungen ein- und mehrsprachiger Kinder.

Impressum

„Grundlagen der Entwicklungspsychologie" ist ein Themenheft der Zeitschrift „Kleinstkinder in Kita und Tagespflege"

ISSN 1867-5360
ISBN 978-3-451-01062-0

Verlag Herder GmbH
Hermann-Herder-Str. 4
79104 Freiburg
E-Mail: redaktion@kleinstkinder.de
www.kleinstkinder.de

Redaktion
Annekathrin Rothe
(Chefredakteurin, verantw.)
rothe@herder.de

Katrin Imbery
imbery@herder.de

Ingeborg Leenen
leenen@herder.de

Daniela Picco
picco@herder.de

Annegret Schumacher (Außenredaktion)

Redaktionsbeirat
Prof. Dr. Dorothee Gutknecht, Maren Kramer

Fotografen und Illustratoren dieser Ausgabe
Volker Kaufmann, Coretta Koch,
Harald Neumann, Redaktion, www.fotolia.de,
www.photocase.de, www.pixelio.de

Titelfoto
Julia Liesecke

Bestellung und Abonnement
Mo.-Fr. 9.00-17.00 Uhr
Telefon: 0761 2717-379, Fax: 0761 2717-360
E-Mail: aboservice@herder.de

Anzeigenleitung
Bettina Haller
Verlag Herder GmbH
Hermann-Herder-Str. 4
79104 Freiburg
Telefon: 0761 2717-456
haller@herder.de

Grafikumsetzung und -gestaltung
Röser MEDIA GmbH & Co. KG, Karlsruhe
www.roeser-media.de

Grafikentwicklung
tiff.any GmbH, Berlin
www.tiff.any.de

Druck
Richard Conzelmann Grafik + Druck e.K.
Albstadt-Tailfingen

Gedruckt auf chlorfrei gebleichtem Papier.

Haftungsausschluss: Alle Ratschläge und Hinweise in dieser Zeitschrift wurden sorgfältig recherchiert und in der Praxis erprobt. Sofern in unseren Angeboten Kleinteile verwendet werden, weisen wir darauf hin, dass Kinder unter drei Jahren bei Nutzung dieser Angebote einer kontinuierlichen Beaufsichtigung bedürfen. Bitte beachten Sie, dass weder Autoren, die Redaktion noch der Verlag für eventuelle Nachteile oder Schäden, die aus den in der Zeitschrift angegebenen Hinweisen resultieren, jegliche Haftung übernehmen.